공자께서 부모에게 말씀하셨다

– 『논어』에서 찾은 20가지 자녀 교육의 지혜 –

공자께서 부모에게 말씀하셨다

『논어』에서 찾은 20가지 자녀 교육의 지혜

초 판 1쇄 2024년 01월 11일

지은이 최태규
펴낸이 류종렬

펴낸곳 미다스북스
본부장 임종익
편집장 이다경
책임진행 김가영, 박유진, 윤가희, 이예나, 안채원, 김요섭, 임인영

등록 2001년 3월 21일 제2001-000040호
주소 서울시 마포구 양화로 133 서교타워 711호
전화 02) 322-7802~3
팩스 02) 6007-1845
블로그 http://blog.naver.com/midasbooks
전자주소 midasbooks@hanmail.net
페이스북 https://www.facebook.com/midasbooks425
인스타그램 https://www.instagram/midasbooks

© 최태규, 미다스북스 2024, *Printed in Korea*.

ISBN 979-11-6910-444-9 03370

값 17,000원

미다스북스는 다음세대에게 필요한 지혜와 교양을 생각합니다.

『논 어』에서 찾은 20가지 자녀 교육의 지혜

공자께서
부모에게 말씀하셨다

최태규 지음

"좋은 부모가 되고 싶다면 꼭 한 번은 논어를 읽어라!"

'부모의 길'을 걷는 당신에게 **공자**가 세워준 이정표,
논어 그리고 **스무 권의 책!**

미다스북스

2부. 논어 속 인물을 살펴며 자녀 교육의 길을 생각한다

3부. 공자의 삶을 따라가며 자녀 교육의 길을 찾는다

〈맺음말〉

───────

〈부록〉

───────

〈참고문헌〉

───────

최고의 스승, 공자에게 배운다

『논어』, 인생 최고의 책

2004년 처음 교편을 잡고, 어느새 20여 년이 지났습니다. 처음 부모님들과 함께 이야기 나눌 만한 글을 모아야겠다고 생각한 게 2010년 무렵입니다. 그때는 두 딸이 세상에 나오고, 육아 및 교육 관련 책에 몰두했던 때였습니다. 책을 읽다 보니 교육 관련 유용한 정보들을 많이 모았고, 이를 부모님들과 함께 나누고 싶었습니다. 이렇게 질문거리, 생각거리, 이야깃거리를 모아 서로 돕고 싶었습니다.

2014년 처음으로 『논어』를 완독했습니다. 이후에도 생각날 때마다 1년에 두세 번 『논어』를 꺼내어 읽었습니다. 올해(2023년) 초에도 새해를 새롭게 시작하는 마음으로 『논어』를 읽기 시작했는데, 이런 생각이 떠올랐습니다. '내 인생 최고의 책은 뭘까?' 교사가 된 후 가장 여러 번 읽은 책은 단연코 『논어』였습니다. 이렇게 '내 인생 최고의 책, 『논어』를 부모님들과 나눌 방법은 뭘까?'를 고민하기 시작했습니다.

"사랑한다면 애쓰지 않을 수 있겠느냐? 진심으로 생각한다면 깨우쳐 주지 않을 수 있겠느냐?"

子曰 "愛之, 能勿勞乎? 忠焉, 能勿誨乎?"

자왈 "애지, 능물로호? 충언, 능물회호?"

『논어』「헌문」7장

부모는 배우는 사람입니다. 누군가를 깨우친다는 건 배움이 전제되어야 합니다. 누군가를 사랑한다면 애써야 합니다. 그럼, '무엇을 배울 것인가? 어떻게 애써야 할까?' 검증된 최고의 스승, 공자(공 선생님)에게 배우면 어떨까요? 『논어』부터 시작하면 어떨까요? 『우리들의 세상, 논어로 보다』에 다음과 같은 글이 실려 있습니다.

『우리들의 세상, 논어로 보다』에는 중국 송나라 때의 승상 조보에 관한 일화가 실려 있습니다. 스스로 학문이 부족하다고 여긴 그는 퇴궐한 이후 집에서 나오지 않고 『논어』만 읽었고, 마침내 높은 학식을 쌓아 큰 공적을 세웠습니다. 그런 조보는 송 태종에게 다음과 같이 이야기했습니다.

"신이 평생에 아는 지식은 진실로 『논어』를 벗어나지 않습니다. 옛날에는 그 반 권을 가지고 태조를 보필하여 천하를 평정하였고, 지금은 나머지 반 권으로 폐하를 보필하여 태평천하를 다스리고자 합니다."

『논어』는 지혜의 보고(寶庫)입니다. 세상을 경영하는데도 『논어』한 권으로 부족함이 없었습니다. 부모가 아이들을 깨우칠 때도 『논어』한 권이면 충분합니다. 그럼, 고전 중의 고전으로 손꼽히는 『논어』는 어떤 책일까요? 간단하게나마 『논어』에 대해 알아보겠습니다.

『논어』는 하나의 주제나 체계를 갖추고 일목요연하게 주장을 펼친 글이 아닙니다. 편명도 주제와 무관하게 첫 구절의 '자왈(子曰)'를 제외한 두세 글자로 삼았습니다. 『논어(論語)』라는 책 제목에 대해서는 다음의 『한서(漢書)』 「예문지(藝文志)」에 나오는 설명이 일반적으로 받아들여지고 있습니다.

'논어'는 공자가 제자들이나 당시 사람들에게 응답한 것, 그리고 제자들이 서로 주고받은 말과 공자에게서 들은 말이다. 당시 제자들이 각자 기록한 것이 있었는데, 공자가 돌아가신 후 문인들이 모으고 논찬(論纂)하였기에 '논어'라고 부른 것이다.

즉, 공 선생님이 직접 한 말이나 공 선생님과 관련된 말(語)을 모은 후, 그에 대해 토론한(論) 후 편찬했기 때문에 '논어'라고 불렀습니다. 이처럼 『논어』는 공자의 말을 중심으로 편찬된 책입니다. 청나라 때 학자 양계초(梁啓超)는 『논어』에 담긴 가르침을 기준으로 내용을 분류했는데, 개인의 인격 수양에 관한 가르침과 사회 윤리에 관한 가르침이 『논어』 전체 내용 중 3분의 2 정도를 차지했습니다. 그래서 자녀를 깨우칠 때 『논어』의 교육적 가치가 높습니다.

『논어』는 앞 10편과 뒤 10편의 문체가 다릅니다. 그래서 앞 10편을 '상론(上論)'이라 부르고, 뒤 10편을 '하론(下論)'이라 부르기도 합니다. 상론 부분은 대체로 문장 수와 글자 수가 적은 반면에, 하론 부분은 문장도 복잡하고 글자 수도 많습니다. 또한 하론 11편에서 15편과 16편에서 20편의 두 부분도 차이가 있습니다. 예를 들면, 앞의 다섯 편에서는 공 선생님 말씀을 기록할 때 '자왈(子曰)'로 시작합니다. 뒤 다섯 편에서는 '공자왈(孔子曰)' 또는 '중니왈(仲尼曰)'로 시작하기도 합니다.

이러한 문체상의 차이 때문에, 일반적으로 『논어』는 세 단계의 과정을 거쳐 편찬된 것으로 봅니다. 먼저, 상론은 공 선생님 사후에 직제자에 의해 가장 먼저 편찬되었습니다. 다음으로 하론 중 11편에서 15편은 증자가 죽은 후 공 선생님 제자의 제자에 의해 정리되었습니다. 마지막으로 하론 중 나머지 다섯 편은 맹자 때 혹은 맹자 사후에 불확실한 자료들이 추가된 상태로 찬술되었습니다. 이를 통해 우리는 『논어』가 하나의 학파에 의해 일관된 기준을 갖고 편찬된 것은 아니라는 점을 알 수 있습니다.

그럼, 지금 우리가 읽고 있는 『논어』는 어떻게 전해진 걸까요? 전한(前漢) 때 노나라 지역의 『노논어(魯論語)』 20편과 제나라 지역의 『제논어(齊論語)』 22편이 있었습니다. 그리고 공 선생님의 옛집 벽 속에서 옛날 문자로 쓰인 논어, 즉 『고논어(古論語)』가 발견되었습니다. 전한 말 학자 장우(張禹)가 세 논어 중 『노논어(노론)』와 『제논어(제론)』를 먼저 통합했습니다. 장우는 『노론』을 기본으로 『제론』을 참고하여 고증했고, 『제론』에 있던 「문왕(問王)」과 「지도(知道)」를 삭제하면서 『논어』를 20편으로 확정했습니다. 현재 우리가 읽고 있는 『논어』는 장우가 편집한 『논어』인 것으로 추측됩니다. (이후 후한(後漢) 말 학자 정현(鄭玄)이 『노론』을 기본으로 하고, 『제론』과 『고론』을 참고하여 주를 지었다는 기록도 있습니다.)

부모라면 반드시 읽어야 하는
『논어』와 이를 입증하는 스무 권의 책

'삶'의 뜻을 진정으로 이해하려면 선인들의 지혜에 귀 기울이는 한편 그 지혜를 과학이 꾸준히 축적해 온 앎과 접목시켜야 한다는 것이다. 과거의 사실과 미래의 가능성을 현재의 시점에서 이해하려고 꾸준히 노력할 때 비로소 우리는 삶의 길을 깨달을 수 있다.

미하이 칙센트미하이가 쓴 『몰입의 즐거움』의 한 구절입니다. 그는 "중요한 진리는 이미 오래전에 뛰어난 예언자, 시인, 철학자가 말했고, 그것은 지금도 우리네 인생의 지침으로서 요긴하다는 사실이다. 그러나 과거의 글은 절대 불변의 영원한 진리를 담고 있다고 맹신하는 자세에도 문제는 있다."라고 이야기했습니다. 그래서 저는 이 책을 정리하면서, 『논어』의 가르침을 입증하는 스무 권의 책을 함께 읽고 간추렸습니다.

이 책은 모두 3부 20장, 20개의 자녀 교육 키워드로 구성되어 있습니다. 각 장의 앞부분에서는 『논어』 속의 인물을 통해 공 선생님이 전하는 메시지를 생각해 봅니다. 뒷부분에서는 각 장의 키워드에 맞는 현대의 책을 통해 공 선생님의 교훈을 되새깁니다. 앞서 말씀드린 것처럼, 『논어』는 하나의 주제나 체계를 갖추고 일목요연하게 주장을 펼친 글이 아닙니다. 그래서 『논어』를 이해하려면 그 시대의 역사나 상황, 그리고 등장인물에 대한 정보가 필요합니다.

1부의 주인공들은 공 선생님의 제자들입니다. 3천여 명이 넘는 공 선생님의 제자 중 비중이 높은 제자 여덟 명을 통해 『논어』를 읽어 봅니다. 『논어』에는 공 선생님과 제자들뿐만 아니라, 고대의 중국 인물들이 등장합니다. 『논어』 이해에 도움이 될 만한 주요 인물들을 선정해서 2부의 6장을 꾸몄습니다. 3부는 공자의 삶을 여섯 시기로 나누어, 공 선생님의 행적을 따라갑니다. 그리고 각 장에 등장하는 인물과 관련해서 이야기를 나눌 만한 교육 키워드를 선정했습니다.(자녀 교육에 도움이 되도록, 부록에는 『논어』 속 사자성어를 정리했습니다.)

"배우는 것은 비유하자면 산을 쌓는 것과 같으니, 한 삼태기의 흙을 붓지 못하고 그만두어도 내가 그만둔 것이다. 또 비유하자면 땅을 고르는 것과 같으니, 한 삼태기의 흙을 부어서 나아갈지라도 내가 나아가는 것이다."

『논어』 「헌문」 18장의 내용입니다. 공 선생님도 "나는 태어나면서부터 모든 걸 알았던 사람이 아니며, 옛것을 좋아하고 열심히 그것을 추구한 사람이다.(『논어』「술이」19장)"라고 말했습니다. 공 선생님처럼 땅을 고르기 위해 한 삼태기의 흙을 붓는 심정으로, 부모로서 배움의 길을 한 걸음 한 걸음 나아가면 좋겠습니다. 자녀 교육의 지혜를 담은 『논어』 그리고 스무 권의 책과 함께, 천천히 묻고 생각하며 자녀 교육의 해답을 찾아가기를 바랍니다. 부디 그 길에 이 책이 조금이나마 도움이 되었으면 좋겠습니다. (이 책을 읽은 후, 『논어』와 스무 권의 책도 함께 읽어봅시다.)

1부

공자의 제자를 보며
자녀 교육의 길을 묻는다

신이여, 바라옵건대

제게 바꾸지 못하는 일을 받아들이는 차분함과

바꿀 수 있는 일을 바꾸는 용기와

그 차이를 늘 구분하는 지혜를 주옵소서.

– 「니버의 기도」 중에서

1장

당신은 자녀에게
어떻게 동기를 부여합니까?

"교육은 양동이를 채우는 것이 아니라 불을 지피는 것이다."

- 윌리엄 B. 예이츠

재여가 낮잠을 잤다. 공자께서 말씀하셨다. "썩은 나무로는 조각할 수 없고, 더러운 흙으로 쌓은 담장은 흙손질할 수 없다. 재여를 꾸짖어 무엇하겠는가?" (그러고는) 공자께서 말씀하셨다. "처음에 나는 사람을 대할 때 그의 말을 듣고 그의 행동을 믿었지만, 지금 나는 사람을 대할 때 그의 말을 듣고도 그의 행동을 살피게 되었다. 재여가 나를 이렇게 바꾸었다."

宰予晝寢. 子曰 "朽木不可雕也, 糞土之牆, 不可杇也, 於予與何誅."
재여주침. 자왈 "후목불가조야, 분토지장, 불가오야, 어여여하주."

子曰 "始吾於人也, 聽其言而信其行, 今吾於人也, 聽其言而觀其行,
자왈 "시오어인야, 청기언이신시행, 금오어인야, 청기언이관기행

於予與改是."
어여여개시."

『논어』 「공야장」 9장

낮잠 자는 재여를 꾸짖지 않은 이유

공 선생님이 화가 단단히 났습니다. 재여(宰予)라는 제자가 하라는 공부는 안 하고 낮잠을 달게 자고 있습니다. 그런데 요령이 없었나 봅니다. 선생님께 딱 걸렸습니다. 재여는 이렇게 말했을지도 모릅니다. "선생님, 제가 요즈음 공부하는 재미에 푹 빠져서 시간 가는 줄도 모르고 있습니다." 공 선생님이 느낀 배신감이 드러납니다. 처음에는 사람을 대할 때 그 말을 믿었는데, 이제는 재여 때문에 사람 말을 못 믿게 되었습니다.

그런데 좀 심하다고 생각하지 않습니까? 공부하다가 낮잠 좀 잤다고, 완전 구제 불능으로 취급했습니다. 썩은 나무라고도 하고, 더러운 흙으로 쌓은 담장이라고도 했습니다. 시쳇말로 '사람 고쳐 쓰는 거 아니다.' 이 얘기입니다. 그러니 재여를 꾸짖어 봤자 소용없다고 했습니다.

재여는 다른 이름으로 자아(子我) 또는 재아(宰我)라고 하는데, 『논어』 「양화」 21장에도 등장합니다. 여기서도 재여는 공 선생님께 핀잔을 들었습니다. 공 선생님은 부모가 돌아가시면 삼년상을 치르라고 가르쳤습니다. 재여는 삼년상은 너무 길고, 일년상이면 충분하다고 했습니다. 이에 공 선생님은 네가 일년상이 편하면 그렇게 하라고 하면서 한 마디 더했습니다. "자식은 태어나서 3년이 지나야만 부모의 품을 벗어난다. 그러니 삼년상은 천하에서 통용되는 상례이다. 재여는 자기 부모에게서 3년 동안 사랑을 받았을까?" 공 선생님의 뒤끝이 느껴집니다.

『논어』「공야장」과 「양화」에서 공 선생님께 좋은 소리 못 듣는 재여지만, 꽤 비중 있는 제자입니다. 공 선생님 제자가 삼천 명 정도 되었다고 하는데, 그중에서도 뛰어난 제자 10명이 『논어』「선진」 2장에 나옵니다. "덕행(德行)에는 안연, 민자건, 염백우, 중궁(염옹)이고, 언어(言語)에는 재아(재여)와 자공이며, 정사(政事)에는 염유(염구)와 계로(자로)이고, 문학(文學)에는 자유와 자하였다." 이를 공문십철(孔門十哲) 또는 사과십철(四科十哲)이라고 합니다. 아무튼 재여는 말 잘하고, 말이 앞서는 제자였나 봅니다.

한번 생각해 보겠습니다. 여러분의 자녀가 하라는 공부는 안 하고 낮잠만 자고 있습니다. 아니면 공부한답시고 자기 방에 들어갔는데, 가만히 보니 책은 안 읽고 스마트폰만 만지작거리고 있습니다. 이럴 때 어떻게 해야 할까요? 공 선생님은 재여를 보고 '너를 꾸짖어 뭐하겠니?'라고 지나갔지만, 부모인 우리는 그렇게 할 수 없습니다. 공 선생님도 못 한 걸, 우리는 어떻게든 해내야 합니다. 도대체 어떻게 해야 자녀에게 동기를 부여할 수 있을까요?

표준국어대사전에는 '동기부여'가 이렇게 정의되어 있습니다. '학습자의 학습 의욕을 불러일으키는 일. 심리 자극을 주어 생활체로 하여금 행동을 하게 만드는 일'. 이번 장에서는 '동기부여'를 주제로 에드워드 L. 데시와 리처드 플래스트가 쓴 『마음의 작동법』을 함께 읽어보겠습니다.

공자께서 부모에게 말씀하셨다

마음을 움직이는 '동기부여'의 비밀

일상에서 우리는 '당근과 채찍' 원리를 활용하여 특정 행동을 유도한다고 말합니다. 이는 바람직한 행동에 대해 보상을 제공하고, 바람직하지 않은 행동에는 처벌을 가함으로써 동기를 부여하는 것입니다. 그러나 『마음의 작동법』의 저자들은 이러한 접근이 효과적이지 않다고 주장합니다. 무엇보다 보상(처벌)이 멈추면 동기도 멈춘다고 지적했습니다.

동물원에서 물개쇼를 관람한 적이 있습니까? 코로 공을 재미있게 튀기고, 앞발로 신나게 박수를 칩니다. 그럴 때마다 조련사는 물개의 입에 생선을 한 마리씩 넣어 줍니다. 이 장면을 보면 보상이야말로 뛰어난 동기부여 기법이라는 생각이 듭니다. 조련사가 원하는 행동을 물개가 하도록 유도하고 있기 때문입니다. 그러나 만약 조련사가 먹이를 주지 않는다면 물개는 어떻게 행동할까요? 먹이 없이도 앞발을 흔들고 공을 튕기는 행동이 나타날까요? 보상은 어떤 행동을 유도하는 데에는 효과적일 수 있지만, 그 영향력은 보상이 주어질 때뿐입니다.

『마음의 작동법』의 저자들은 더 나아가, '보상이 없이도 기꺼이 수행하던 행동에 보상을 부여하면 내면 동기에 어떤 변화가 나타날까?'를 주제로 실험을 수행했습니다. 이 실험은 대학생을 대상으로 소마 큐브를 활용하여 설계되었습니다. 소마 큐브는 도전적이고 재미있게 시간을 보내도록 해주는 게임으로, 보상 없이도 신나게 즐기던 활동입니다. 먼저 참가자들을 두 그룹으로 나누었는데, 한 그룹에는 소마 큐브로 모양을 완성할 때마다 1달러의 보상을 제공했습니다. 반면 다른 그룹에는 모양을 완성하더라도 어떠한 보상도 주지 않았습니다.

연구자들은 두 그룹이 자유시간 동안 소마 큐브를 하는 시간이 얼마나 되는지 관찰했습니다. 금전적 보상을 받은 그룹의 학생들은 자유시간 동안 소마 큐브를 즐길 가능성이 현저히 낮았습니다. 보상이 중단되자마자, 이 그룹의 학생들은 놀이를 그만두었습니다. 처음에는 흥미로운 활동으로 여겼던 소마 큐브가 보상을 얻기 위한 수단으로 변했습니다. 즉, 그 자체로 충분히 재미있는 활동에 보상을 주었더니, 그 활동을 더 이상 하지 않았습니다.

우리가 동기를 부여하는 데 사용하는 보상, 처벌, 경쟁, 평가 등은 아이들을 통제하는 방식입니다. 『마음의 작동법』에서는 경쟁과 평가의 방법에 관한 연구 결과도 소개되어 있습니다. 그럼, 초등학생을 대상으로 한 클라크대학의 라이언 교수와 웬디 그롤닉의 연구를 살펴보겠습니다.

연구자들은 초등학생들을 두 그룹으로 나누어, 각각 학년 수준에 맞는 텍스트 두 문단을 읽도록 했습니다. 한 그룹(A)에는 읽은 내용을 평가하기 위해 시험을 볼 거라고 미리 안내했습니다. 다른 그룹(B)에는 특별한 언급 없이 그냥 읽기만 하도록 안내했습니다. 평가 결과, B 그룹의 학생들이 A 그룹보다 개념 이해 수준이 더 높게 나타났습니다. 보통은 시험을 볼 거라고 미리 알리면 학습 동기가 증가할 것으로 예상하지만, 이 연구에서는 정반대의 결과가 나타났습니다.

이 연구에서는 또 다른 흥미로운 사실이 발견되었습니다. 시험을 볼 것으로 예상한 학생들이 그렇지 않은 학생들보다 뛰어난 암기 능력을 보여주었습니다. 텍스트 읽기 시험을 치르고 일주일 후에, 연구진은 학생들에게 텍스트 내용에 관한 질문을 했습니다. 일주일이 지난 시점에서 학생들은 실험 당시보다 내용을 잘 기억하지 못했습니다. 그러나 흥미로운 점은, 시험을 예상하고 학습했던 학생들이 잊어버린 내용이 더 많았습니다. 학창 시절에 이런 경험을 해봤을 것입니다. 시험 전날 열심히 외웠지만, 시험을 치르고 나면 기억에서 사라집니다.

내 아이가 어떤 행동을 하게 만들기 위해 보상도, 처벌도, 경쟁도, 평가도 효과가 없다면 어떻게 해야 할까요? 『마음의 작동법』의 저자들은 통제의 방식 말고 자율성을 존중하라고 조언합니다. 그렇다면 어떻게 아이들의 자율성을 키울 수 있을까요?

먼저, 아이들이 무엇을 어떻게 할 것인지 스스로 결정하도록 하는 게 중요합니다. 자율성 존중은 선택의 기회를 의미합니다. 부모가 해야 할 일을 결정하고 아이에게 시키는 것이 아니라, 아이가 하고 싶은 일을 스스로 결정해야 합니다. 물론 선택의 기회를 주고 의사 결정 과정에 참여시키는 데는 한계가 있습니다. 학생으로서 수행해야 할 일과 피해야 할 일은 이미 정해져 있는 경우가 많기 때문입니다. 그러나 해야 할 과제를 정할 때 아이들과 대화를 통해 함께 결정하는 것이 중요합니다. 또한 과제 수행 방법은 한 가지가 아니기 때문에, 아이가 선호하는 방식을 선택할 수 있도록 도와줍니다. 예를 들어, '독서'를 과제로 정했을 때 어떤 책을 읽을지, 언제 읽을지, 독후 활동은 어떻게 할지 아이가 결정할 수 있도록 해줍니다.

둘째, 자율성의 범위를 정해야 합니다. 자율성을 키운다고 해서 무책임하거나 위험한 행동을 방임하는 것은 아닙니다. 한계를 설정하면, 아이들은 자유로운 선택에 대한 책임감을 느낄 수 있습니다. 다시 '독서'를 예로 들면, 아이들이 성인 전용 도서를 굳이 읽을 필요는 없습니다. 아이들이 읽을 책을 스스로 선택할 수 있게 기회를 주되, 읽으면 안 되는 도서도 분명히 정해야 합니다. 한계를 설정할 때는 아이들의 욕구를 인정하면서 통제적인 언어를 사용하지 않습니다. 또한 한계를 설정하는 이유에 대해 함께 이야기를 나누는 것도 중요합니다. 아이들은 원하는 대로 선택할 수 있지만 동시에 결과에 대한 책임을 져야 한다는 점을 이해해야 합니다.

지금까지 『마음의 작동법』의 주요 내용을 살펴보며, '동기부여'에 대해 생각해 보았습니다. 이렇게 정리하겠습니다. 질문을 한번 바꿔 봅시다. 이 장의 제목을 '당신은 자녀에게 어떻게 동기를 부여합니까?'라고 썼습니다. 그런데 '어떻게 해야 자녀들이 스스로 동기를 부여할 수 있게 할까?'로 바꾸면 생각의 전환이 일어납니다. 더 이상 아이들은 부모의 통제를 받는 수동적인 존재가 아닙니다. 스스로 자신의 마음과 행동을 결정하는 적극적이고 자율적인 존재입니다.

부모가 할 수 있는 일은 딱 거기까지입니다. 내 아이가 스스로 동기를 부여할 수 있도록 기회를 주고 기다려야 합니다. '동기부여 기법'이란 것은 따로 없습니다. 의미 있는 변화는 자기 자신을 받아들이고 달라지겠다고 결심할 때 일어납니다. 어쩌면 공 선생님은 이미 알았던 게 아닐까요? '사람은 꾸짖는다고 바뀌지 않는다.'

※ 『논어』의 다른 구절을 읽고, '동기부여'에 대해 생각하고 이야기 나눠 봅시다.

공자께서 말씀하셨다. "백성들을 정치로 인도하고 형벌로 다스리면, 백성들은 형벌을 면하고도 부끄러워함이 없다. 그러나 덕으로 이끌고 예로써 다스리면, 백성들은 부끄러워할 줄도 알고 또한 잘못을 바로잡게 된다."

子曰 "道之以政, 齊之以刑, 民免而無恥. 道之以德, 齊之以禮,
자왈 "도지이정, 제지이형, 민면이무치. 도지이덕, 제지이례,

有恥且格."
유치차격."

『논어』 「위정」 3장

2장

'안다는 것' 의 의미는
무엇입니까?

"나는 내가 모른다는 것을 안다."

- 소크라테스

공자께서 말씀하셨다. "유야! 너에게 안다는 것이 무엇인지 가르쳐 주랴? 아는 것을 안다고 하고 모르는 것을 모른다고 하는 것, 이것이 아는 것이다."

子曰 "由! 誨女知之乎? 知之爲知之, 不知爲不知, 是知也."
자왈 "유! 회여지지호? 지지위지지, 부지위부지, 시지야."

『논어』 「위정」 17장

공자께서 부모에게 말씀하셨다

자로도 몰랐던 '안다는 것'의 의미

본문의 내용을 살펴보기 전에 먼저 공 선생님의 제자 유(由)에 대해 알아보겠습니다. 성은 중(仲)이고 이름은 유(由), 다른 이름은 자로(子路) 또는 계로(季路)입니다. 아마 '자로'라는 호칭이 가장 익숙할 것입니다. 그는 공 선생님과 같은 노나라 출신이고, 공 선생님과는 아홉 살밖에 차이가 나지 않았습니다. 공문십철 중 정사(政事)에 이름을 올렸습니다. 안회, 자공과 더불어 공 선생님의 3대 제자로 꼽힙니다.

자로는 『논어』에 40여 차례나 등장하는 아주 중요한 제자입니다. 그의 캐릭터는 『삼국지연의』의 장비를 연상시킵니다. 공 선생님과의 첫 만남부터 그는 공 선생님을 폭행하려고 했습니다. 제자가 된 뒤로는 선생님의 수호 무사 역할을 톡톡히 해냅니다. 그는 용기를 앞세우는 호전적 성향에다가 문제가 생기면 좌충우돌 앞장서서 해결하려는 모습을 보입니다. 공 선생님이 "자로와 같은 자는 제 명대로 살지 못할 것(「선진」 12장)" 이라며 걱정하는 장면이 있을 정도입니다. 결국 자로는 위나라의 내분 과정에서 "군자는 죽더라도 관을 벗지 않는다."라며 갓끈을 다시 고쳐 매고 그답게 죽은 것으로 유명합니다.

『논어』를 읽으면 정말 자로에게 반할 수밖에 없습니다. 그와 관련한 몇 가지 에피소드를 살펴보겠습니다. 어느 날 공 선생님이 "내가 갈 길이 보이지 않는구나! 뗏목을 타고 저 멀리 바다로 떠나야겠다. 그때 나를 따라

올 사람은 아마도 자로겠지.(「공야장」 6장)"라고 말했습니다. 세상을 경영할 능력을 갖추었지만, 거절만 당해온 공 선생님의 슬픔이 느껴집니다. 이를 듣고 자로는 어떻게 반응했을까요? 선생님을 위로해 드렸을까요? 그랬다면 자로가 아닙니다. 자로는 그 말을 듣고 기뻐서 싱글벙글했답니다. 선생님이 자신을 선택하셨다니, 얼마나 기뻤겠습니까?

또 하루는 공 선생님이 안회를 은근슬쩍 칭찬하셨는데, 자로가 이를 듣고 여쭙습니다. "선생님께서 만약 3군(三軍)을 거느리신다면, 누구와 함께 하시겠습니까?(「술이」 10장)" 속 보이는 질문입니다. 자기도 칭찬해 달라는 말과 다름없습니다. 누구보다 용감한 군사 전문가가 바로 자로이기 때문입니다. 공 선생님은 뻔한 수작에 넘어갈 분이 아닙니다. "맨손으로 호랑이를 때려잡으려다 물려 죽거나 맨몸으로 강을 건너려다 허무하게 빠져 죽어도 후회하지 않을 사람과 나는 함께하고 싶지 않다. 반드시 할 일을 앞에 두고 두려워하며 미리 계획을 잘 세워 성공하는 사람과 함께 할 것이다." 한마디로, '자로, 넌 아니야.'라는 것입니다.

그렇다고 자로가 선생님께 혼나기만 한 것은 아닙니다. 공 선생님은 "한쪽의 주장만 듣고서도 옥사(獄事)를 판결 내릴 수 있는 사람은 자로일 것이다. 자로는 하기로 한 일을 묵혀두지 않았다.(「안연」 12장)"라고 자로를 높이 평가했습니다. 그런데 이렇게 칭찬하고 나서 다음 장에서, 공 선생님은 "송사를 듣고 판결 내리는 것은 나도 다른 사람과 마찬가지지만, (나는 어떻게든) 반드시 소송이 없도록 할 것이다.(「안연」 13장)"라고 말했습니다. 자로를 칭찬한 게 맞는지 조금 헷갈립니다. 또한 "자로는 좋은 가르침을 듣고 미처 실행하지 못했으면, 다른 가르침 듣는 것을 두려워했다."라는 내용이 「공야장」 13장에 나옵니다. 그야말로 자로의 묵직한 심성과 실천을 중시하는 모습이 잘 담겨 있습니다.

그럼, 이제 본문의 내용을 살펴보겠습니다. 글은 짧지만 '앎'에 대한 깊은 통찰이 담겨 있습니다. '아는 것을 안다고 하고 모르는 것을 모른다.'라고 하는 것이 바로 '아는 것'이라는 공 선생님의 말씀은, 이것이 바로 배움의 시작이라는 점을 알려줍니다. 내가 모르는 게 뭔지 알아야 공부를 시작할 수 있습니다. 또한 공자와 동시대를 살았던 그리스 철학자를 떠오르게 합니다. 바로 소크라테스입니다.

고대 그리스 델포이 아폴론 신전 입구에는 '너 자신을 알라.'라는 말이 새겨져 있습니다. 이곳 신전에서 어떤 사람이 '아테네에서 소크라테스보다 더 현명한 자가 있습니까?'라고 묻자, 신의 계시를 전달하는 무녀가 '없다.'라고 대답했습니다. 소크라테스가 가장 현명하다는 신탁이었습니다. 이를 전해 들은 소크라테스는 믿을 수가 없었습니다. 그는 아테네에서 똑똑하다고 소문난 사람들을 찾아다니기 시작했습니다. 자신보다 현명한 사람을 찾기 위해서였습니다. 하지만 그들과 대화를 나눈 소크라테스는 '이 영리하다는 사람들이 사실은 자신이 뭘 모르는지도 모르고 있구나.'라는 걸 깨닫습니다.

소크라테스는 적어도 '나는 내가 모른다.'라는 것은 알고 있으니, 이 사람들보다는 내가 현명하다는 신탁을 받아들였습니다. 같은 시기 공 선생님 또한 "내가 아는 것이 있는가? 나는 아는 것이 없다.(『논어』 「자한」 7장)"라는 말을 남깁니다. 동서양의 큰 스승으로 인정받는 공자와 소크라테스가 배움의 시작을 '무지(無知)의 지(知)'로 함께 꼽은 점이 인상적입니다. 이를 다르게 표현하면 '메타인지'라고 할 수 있습니다. 이번 장에서는 리사 손이 쓴 『메타인지 학습법』을 함께 읽으며 메타인지에 대해 알아보겠습니다.

'인지'는 알겠는데, '메타인지'는 뭐지?

미국의 발달심리학자 존 플라벨은 메타인지를 '생각에 대한 생각(thinking about thinking)' 또는 '인지에 대한 인지(cognition about cognition)'로 설명했습니다. 자신이 생각하는 과정을 더 높은 차원에서 관찰하고 통제하는 정신적 활동으로서 초인지(超認知)라고도 합니다. 리사 손은 『메타인지 학습법』에서 메타인지의 2가지 핵심 전략인 모니터링(monitoring) 전략과 컨트롤(control) 전략을 소개합니다.

당신의 자녀가 다음 주에 영어와 수학 시험을 치른다고 가정해 봅시다. 일주일 정도 남은 시간을 어떻게 사용할 것인지 결정해야 합니다. 메타인지 능력이 부족한 경우, 아이는 일단 공부를 시작하고 어떤 전략을 사용할지 고려하지 않습니다. 그러나 아이들 대부분은 남은 일주일 동안 어떻게, 얼마나 영어와 수학을 공부할지 계획할 것입니다. 이때 필요한 것이 메타인지의 모니터링 전략입니다.

효율적으로 계획을 수립하려면, 자신이 수학과 영어 중 어느 과목을 잘하는지 정확히 평가할 수 있어야 합니다. 실제로는 영어를 더 잘하는데, 수학을 잘한다고 오해하거나 그 반대의 경우라면 시험 결과가 좋지 않습니다. 이는 모니터링 과정으로, 자신의 지식 수준을 스스로 평가하는 것입니다. 공 선생님의 조언처럼 '내가 아는 것과 모르는 것'을 명확히 구별하는 것이 중요합니다. 예를 들어, 영어 시험 대비 중에도 '독해는 잘하지만, 듣기가 약하다.'와 같이 자신의 강점과 약점을 정확하게 인식해야 합니다. 수학에서도 '함수가 이번 시험에서 가장 어려운 부분이야.'와 같이 자신의 장단점을 정확히 알아야 시험 준비를 잘할 수 있습니다.

이제 메타인지의 두 번째 전략, 컨트롤 전략에 대해 알아보겠습니다. 시험공부 하는 상황을 이어서 살펴보겠습니다. 만약 '나는 영어보다 수학이 약하다.'라고 모니터링했다면, '영어보다 수학 공부를 더 많이 해야겠다.'라고 결정합니다. 그리고, 쉬운 영어를 먼저 공부하고 나중에 수학을 공부할 수도 있고, 반대로 어려운 수학을 충분히 공부한 후에 쉬운 영어를 공부할 수도 있습니다. 이렇게 모니터링한 자신의 모습을 기반으로 학습 방향을 설정하는 과정이 바로 컨트롤입니다.

성공적인 학습을 위해서는 '모니터링'과 '컨트롤' 2가지 과정이 모두 제대로 작동해야 합니다. 이 중 하나라도 제대로 기능하지 못하면 학습이 실패합니다. 모니터링이 실패하면 자신이 잘 모르고 있는 것도 스스로 알고 있다고 착각할 수 있습니다. 또한 모니터링에 문제가 생기면 당연히 컨트롤도 제대로 이루어지지 않습니다. 자신이 잘 안다고 착각해 공부를 너무 일찍 끝내버릴 수 있고, 그와 반대로 지나치게 오랫동안 공부하는 경우도 발생할 수 있습니다.

『메타인지 학습법』에서 리사 손 교수는 메타인지의 주체가 아이 자신이라는 점을 강조합니다. 메타인지를 키우려면 자기 자신의 상태를 스스로 평가하는 과정이 매우 중요합니다. 성적 부진의 원인이 모니터링에 있는지, 컨트롤에 있는지 파악할 수 있는 주체는 부모가 아니라 아이 자신입니다. 하지만 많은 부모가 자신의 아이를 잘 안다고 착각하고, 아이의 메타인지를 부모가 판단하고 결정합니다. 아이가 스스로 메타인지를 키울 수 있는 기회를 부모가 빼앗는 셈입니다.

그럼, 아이들의 메타인지는 언제부터 발달할까요? 아이들의 메타인지 발달에 관한 흥미로운 심리학 실험을 소개하겠습니다. 18개월 된 아기와 엄마 사이에 짧은 징검다리가 있습니다. 징검다리 건너편에서 엄마는 아기의 이름을 부릅니다. 아기는 엄마의 목소리를 듣고 신이 나서 다리 앞으로 뛰어오지만, 징검다리를 건널 용기가 부족해 엄마를 바라만 보고 있습니다. 엄마가 아기에게 스스로 징검다리를 건너오라고 신호를 보낼 때, 아기들은 어떻게 행동할까요?

실험 결과, 아기들 대부분은 징검다리를 건너기보다는 엄마에게 손을 뻗어 도움을 청했습니다. 아기들은 모니터링을 통해 스스로 징검다리를 건너기 어렵다고 판단했습니다. 또한 컨트롤을 통해 엄마의 도움을 받는 것이 더 낫다고 선택했습니다. 18개월 된 아기들도 엄마의 지시보다는 자신의 판단을 더 믿는 경향을 보였습니다. 걸음마를 배울 때 무수한 실패를 겪으면서 메타인지 능력을 키웠던 것입니다. 만약 아기들이 걷기에 실패한 적이 없었다면, 스스로 징검다리를 건널 수 있다고 착각했을 것입니다. 여기서 우리는 시행착오를 통해 메타인지를 기를 수 있다는 점을 알 수 있습니다.

시행착오는 메타인지를 강화하는 데 가장 효과적인 방법입니다. 실수와 실패는 학습의 초기 단계에서는 서툴다는 표시이지만, 메타인지 능력을 키우기에는 이상적인 환경을 제공합니다. 따라서 아이들이 어릴 때부터 실패와 실수를 경험하도록 허용해야 합니다. 이를 통해 아이들은 스스로 생각하고 자기 수준을 판단하는 능력을 기릅니다.(시험 상황과 관련하여 메타인지를 기를 수 있는 팁을 하나 드리겠습니다. 아이가 문제를 푼 후 채점하기 전에 자신의 점수를 예측하게 하는 것입니다. 맞은 문제와 틀린 문제를 고려하면서 자기 수준을 스스로 판단하는 기회를 갖습니다.)

※ 『논어』의 다른 구절을 읽고, '메타인지'에 대해 생각하고 이야기 나눠 봅시다.

공자께서 말씀하셨다. "배울 때는 능력이 미치지 못할까 안타까워해야 하며, 나아가 그것을 잃어버릴까 두려워해야 한다."

子曰 "學如不及, 猶恐失之."
자왈 "학여불급, 유공실지."

『논어』 「태백」 17장

공자께서 부모에게 말씀하셨다

3장

당신의 자녀는
어떤 태도를 갖고 있습니까?

"인간에게 모든 걸 빼앗아 갈 수 있어도 단 한 가지,

마지막 남은 인간의 자유,

주어진 환경에서 자신의 태도를 결정하고,

자기 자신의 길을 선택할 수 있는 자유만은 빼앗아 갈 수 없다."

- 빅터 프랭클 『죽음의 수용소에서』

염구가 말했다. "선생님의 도를 좋아하지 않는 것은 아니지만, 제 능력이 부족합니다."

공자께서 말씀하셨다. "능력이 부족하면 도중에 그만두게 되는 것인데, 지금 너는 미리 한계를 긋고 있구나."

冉求曰 "非不說子之道, 力不足也."
염구왈 "비불열자지도, 역부족야."

子曰 "力不足者, 中道而廢, 今女畫."
자왈 "역부족자, 중도이폐, 금여획."

『논어』 「옹야」 10장

공자께서 부모에게 말씀하셨다

능력자 염구가 혼난 까닭

염구의 다른 이름은 자유(子有)이며, 염유(冉有)라 불리기도 합니다. 『논어』「옹야」3장에는 "자화(공서적)가 제나라에 사신으로 가게 되자, 염자(冉子)가 자화의 어머니에게 줄 곡식을 청했다."라는 구절이 나옵니다. 공 선생님(孔子)처럼 '자(子)'를 더해 '염 선생님'으로 높인 것입니다. 『논어』에는 공자의 제자 중 염구와 함께 유약(有若)과 증삼(曾參)이 각각 유자와 증자로 불리는 구절이 나옵니다. 이는 이들의 제자들이 공자 사후 비중 있는 역할을 맡아 『논어』 편집에 기여했다고 볼 수 있습니다.

염구는 자로와 함께 공문십철(孔門十哲) 중 정사(政事)에 꼽혔습니다. 그의 배다른 형들인 염백우(冉伯牛)와 염옹(冉雍)도 역시 공문십철 중 덕행(德行) 부문에 이름을 올렸습니다. 한 집안에서 세 형제가 모두 공자의 제자로 성공하여 '일문삼현(一門三賢)'이라 불립니다.

『논어』에는 공 선생님이 염구의 능력에 대해 칭찬하는 장면이 여럿 나옵니다. 공 선생님은 "염구는 천 가구의 읍이나 백 대의 수레를 낼 수 있는 경대부 집안에서 우두머리 역할을 할 수 있다.(「공야장」7장)"라고 말했습니다. "염구는 재능이 많으니, 정사에 종사하는 데 무엇이 어렵겠습니까?(「옹야」6장)"라고도 했습니다. 「헌문」14장에서는 자로가 인격이 완성된 사람에 관해 묻자, 공 선생님은 "장무중의 지혜와 맹공작의 무욕과 변장자의 용기와 염구의 재주를 갖춘다면 또한 완성된 사람이라고 할 수 있다.”라고 할 정도로 염구의 재능을 높이 샀습니다.

염구 자신도 정치에 관심이 많아 공 선생님께 백성을 잘 다스리는 방법을 물었습니다. “사방 60~70리 정도 되는 땅을 제가 다스린다면 3년 안에 백성들을 풍족하게 할 수 있습니다. 하지만 그곳의 예법이나 음악과 같은 것에 관해서는 손을 쓰지 않고 군자를 기다리겠습니다.(「선진」 25장)”라며 포부를 밝히기도 합니다.

염구는 정치적 능력을 인정받아 노나라 권력자 계강자의 가신이 되었습니다. 그런데 계강자가 계속 잘못된 행동을 하는데도, 염구는 변명으로 일관했습니다. 이에 공 선생님은 “온 힘을 다하여 직무를 맡아 잘할 수 없으면 그만두어야 한다. 위험에 처했는데도 도와주지 않고, 넘어지려 하는데도 붙잡아주지 않는다면, 장차 어찌 그런 신하들을 쓰겠느냐? 그러니 네가 하는 말은 잘못되었다.(「계씨」 1장)”라고 질책했습니다. 게다가 계강자를 위해 수탈하듯 세금을 거두는 염구를 보고, 공 선생님은 “염구는 우리 쪽 사람이 아니다. 북을 울려 그의 죄를 성토하라.(「선진」 11장)”라며 비난했습니다.

「옹야」 10장에서도 공 선생님은 염구를 호되게 혼내고 있습니다. 좋아한다고나 하지 말 것이지, 좋아한다면서 노력도 해보지 않고 공부를 못 하겠다고 하니 얼마나 답답했을까요? 『마인드셋』의 저자 캐롤 드웩은 염구처럼 ‘미리 선을 긋고 물러나는’ 사람들이 고정 마인드셋을 가지고 있다고 합니다. 지금부터 『마인드셋』을 함께 읽어보겠습니다.

마인드셋, 태도의 힘

『마인드셋』의 저자는 실패에 대한 대응을 연구하기 위해 어린 학생들을 대상으로 실험을 진행했습니다. 아이들은 한 명씩 교실로 와서 퍼즐을 풀었습니다. 처음 몇 문제는 비교적 쉬웠지만, 이어지는 문제들은 상당히 어려웠습니다. 아이들이 문제를 해결하는 동안 캐롤은 그들의 모습을 주의 깊게 관찰했습니다. 이때 저자는 예상과 다르게 까다로운 퍼즐 문제에 달려드는 아이들을 만납니다. 이 아이들은 다른 아이들과 무엇이 달랐을까요?

캐롤은 '마인드셋(mindset)'이라는 개념을 통해 이를 설명했습니다. 성장 마인드셋(growth mindset)을 가진 사람들은 실패를 두려워하지 않고 까다로운 문제에 도전합니다. 이들은 '노력하면 지적 능력을 포함한 사람의 자질이 성장할 수 있다.'라고 믿습니다. 또한 실패를 겪어도 낙담하지 않을 뿐만 아니라, 자신들이 실패하고 있다고 생각하지 않습니다. 오히려 실패를 통해 자신들이 배우고 성장할 수 있다고 생각합니다.

반대로 고정 마인드셋(fixed mindset)을 가진 사람들도 있습니다. 이들은 인간의 자질이 변하지 않는다고 여깁니다. '똑똑하거나' 아니면 '똑똑하지 않거나' 둘 중 하나이고, 실패는 똑똑하지 않다는 것을 증명한다고 생각합니다. 어떤 방법을 쓰든 성공하고 실패하지 않는다면, 그건 어쨌든 똑똑하다는 뜻이라고 믿습니다.

고정 마인드셋과 성장 마인드셋을 가진 사람들은 어떤 차이를 보이는지 조금 더 자세히 살펴보겠습니다. 먼저, 각각의 마인드셋을 가진 사람들이 '성공'에 대해 어떻게 생각하는지 알아보겠습니다. 4세인 아이들에게 선택권을 주는 실험을 수행했습니다. 조각 퍼즐을 맞추는데, 이미 풀어본 쉬운 퍼즐과 한 단계 더 어려운 퍼즐 중에서 어느 쪽을 풀어볼지 선택하는 것입니다.

실험 결과, 고정 마인드셋을 가진 아이들은 이미 풀어본 쉬운 퍼즐을 선택하는 경향이 강했습니다. 이미 풀어본 퍼즐에서 성공을 경험했기 때문에, 쉬운 퍼즐을 선택하여 다시 성공하려는 것입니다. 고정 마인드셋의 아이들은 자신이 성공했다고 확신하고 싶어 했습니다. 반면 성장 마인드셋을 가진 아이들은 한 단계 더 어려운 퍼즐을 선택하는 경향이 있었습니다. 이는 어려운 퍼즐에서 노력하고 실패하는 과정을 통해 더 많은 것을 배우고 성장할 수 있다고 믿기 때문입니다. 성장 마인드셋을 가진 아이들에게 성공이란 최선을 다하는 것일 뿐이었습니다.

그렇다면 '실패'의 의미에 대해서는 어떨까요? 이번 연구에서는 중학교 1학년 학생들을 대상으로 새로운 과목에서 낮은 성적을 받았을 때의 대응을 조사했습니다. 성장 마인드셋을 가진 학생들은 이러한 실패를 다음 시험을 위한 성장의 기회로 삼겠다고 응답했습니다. 그러나 고정 마인드셋을 가진 학생들은 오히려 다음 시험 때는 '공부를 덜 할 것이다.'라고 대답했습니다. '능력이 없다면 시간 낭비일 뿐이다.'라는 입장이었습니다. 이들은 커닝까지 고려해 실패를 피하려는 모습을 보였습니다.

성장 마인드셋을 가진 사람에게도 실패는 고통스러운 경험이지만, 이들은 실패가 자신을 규정하지 않는다고 생각합니다. 실패는 단순히 대처해야 할 과제일 뿐이며, 배움의 기회라고 여깁니다. 반면 고정 마인드셋을 가진 사람에게 실패는 잊을 수 없는 상처로 남습니다. 이들은 실패로부터 배우려는 대신 자신의 자존심을 회복하려고 합니다.

마인드셋은 '노력'에 대한 의미도 다르게 해석합니다. 고정 마인드셋에서 노력은 결점을 가진 사람들만 하는 것으로 여겨집니다. 이미 자신에게 결점이 있다는 것을 알고 있는 사람은 노력한다고 해서 특별히 더 잃을 게 없습니다. 그러나 자신을 어떤 결점도 없는 사람, 재능을 타고난 천재로 생각하는 사람은 노력을 두려워합니다.

고정 마인드셋에서는 위대한 천재에게 노력이 필요하지 않다고 여깁니다. 노력이 필요하다는 것 자체가 능력을 의심한다는 뜻이라고 생각합니다. 그리고, 노력은 변명거리를 없애 버립니다. 노력하지 않으면 적어도 "아, 좀 더 열심히 할걸."이라고 핑계를 댈 수 있습니다. 그러나 일단 노력을 기울인 일에 대해서는 그런 변명이 통하지 않습니다.

이제 당신의 마인드셋을 한번 알아볼까요? 지능에 대한 다음의 지문을 읽고 자기 입장을 정해봅시다.

<마인드셋 자가 테스트>

① 내 지능은 아주 근본적이어서 거의 변하기 어렵다.(고정 마인드셋)
② 새로운 뭔가를 배울 수 있지만, 지능을 완전히 변화시킬 수는 없다.(고정 마인드셋)
③ 지능 수준에 상관없이, 언제든 상당한 발전이 가능하다.
   (성장 마인드셋)
④ 언제나 내 지능 수준을 변화시킬 수 있다.(성장 마인드셋)

당신의 견해는 어느 쪽에 더 가깝습니까? 물론 중간쯤에 위치할 수도 있겠지만, 사람들 대부분은 어느 한쪽으로 기우는 경향이 있습니다. 사람들은 지능 외의 다른 능력에 대해서도 특정한 마인드셋을 가지고 있습니다. '예술적 재능', '운동 능력', '인성' 등으로 바꿔서 생각해 봅시다. 고정 마인드셋을 가지고 있어서 걱정됩니까?

걱정하지 않아도 됩니다. 이해를 돕기 위해 고정 마인드셋과 성장 마인드셋을 나누어 설명했지만, 우리는 2가지 마인드셋을 모두 가지고 있습니다. 성장 마인드셋으로 변화하는 첫 번째 단계는 2가지 마인드셋을 인정하는 것입니다. 두 번째는 어떤 상황이 성장 마인드셋이 아닌 고정

공자께서 부모에게 말씀하셨다

마인드셋을 부추기는지 인식하는 것입니다. 실패, 비난, 마감 기한 등 어떤 것이 여러분의 고정 마인드셋을 자극하는지 살펴보는 것이 중요합니다.

세 번째로, 고정 마인드셋이 나타날 때 그것에 이름을 붙여봅시다. 고정 마인드셋을 나의 또 다른 페르소나로 생각하는 것입니다. 네 번째로는 나의 고정 마인드셋 페르소나를 교육시켜서 성장 마인드셋의 상태로 유지하는 것입니다. 마지막으로, 당신은 성장을 위한 목표를 계속해서 세워야 합니다.

※ 『논어』의 다른 구절을 읽고, '태도'에 대해 생각하고 이야기 나눠
봅시다.

━━━━━━━━━━━━━━━━━━━━━━━━━━━━

공자께서 말씀하셨다. "'어떻게 하면 좋을까, 어떻게 하면 좋을까.' 하며
고민하고 노력하지 않는 사람이라면, 나도 어떻게 해야 할지 모르겠구
나."

子曰 "不曰如之何, 如之何者, 吾末如之何也已矣."
자왈 "불왈여지하, 여지하자, 오말여지하야이의."

『논어』 「위령공」 15장

공자께서 말씀하셨다. "군자는 (원인을) 자기에게서 찾고, 소인은 (원인
을) 남에게서 찾는다."

子曰 "君子求諸己, 小人求諸人."
자왈 "군자구저기, 소인구저인."

『논어』 「위령공」 20장

당신의 자녀는
어떤 습관을 갖고 있습니까?

"처음에는 내가 습관을 만들지만,

나중에는 습관이 나를 만든다."

- 존 드라이든

증자가 말했다. "나는 날마다 3가지로 나 자신을 반성한다. 다른 사람을 위해 (무언가를) 도모하면서 충심을 다하지 않았는가? 벗들과 사귀면서 믿음이 없었는가? 가르침받은 것을 익히지 않았는가?"

曾子曰 "吾日三省吾身, 爲人謀而不忠乎? 與朋友交而不信乎?
증자왈 "오일삼성오신, 위인모이불충호? 여붕우교이불신호?

傳不習乎?"
전불습호?"

『논어』 「학이」 4장

공자께서 부모에게 말씀하셨다

아둔했던 증자, 유학의 정통이 되다

증자의 이름은 증삼(曾參)이고 자는 자여(子輿)입니다. 유자, 염자와 함께 『논어』에서 '선생님(子)' 호칭을 받은 몇 안 되는 제자 중 한 명입니다. 공자와는 마흔여섯 살 차이가 났습니다. 증자의 아버지 증점도 공 선생님의 제자였습니다.(안회와 그의 아버지 안로도 모두 공 선생님의 제자였습니다.)

공 선생님은 『논어』 「선진」 17장에서 네 명의 제자, 자고, 증삼, 자장, 자로를 짧게 평가했습니다. 그중 증자에 대해서는 '魯(노둔할 노)'라고 평했습니다. '노둔하다'를 사전에서 찾아보면 '둔하고 어리석어 미련하다.'라고 나옵니다. 공 선생님이 증자를 그렇게 좋게 평한 것 같지는 않습니다. 『공자가어(孔子家語)』[1]에도 증자를 알 수 있는 다음과 같은 일화가 전해집니다.

증자가 하루는 참외밭을 매다가 실수로 참외 뿌리를 잘라 버렸습니다. 아버지 증점이 화가 나서 큰 막대기로 증자를 후려쳤습니다. 어찌나 험하게 맞았는지 증자는 정신을 잃고 쓰러졌습니다. 겨우 정신을 차리고 집에 돌아온 증자는 혹시라도 아버지가 걱정하실까 봐 거문고를 타며 노래를 불렀습니다.

---

1   공자의 언행 및 문인과의 문답과 논의를 수록한 책. 중국 위나라의 왕숙이 공자에 관한 기록을 모아 주를 붙인 것으로, 처음에는 27권이었으나 현재 전하는 것은 10권이다.

이를 전해 들은 공 선생님은 증자를 자기 집 안에 들이지 말라고 했습니다. 잘못이 없다고 생각한 증자는 선생님을 찾아가 가르침을 청했습니다. 공 선생님은 이렇게 말했습니다. "아버지가 화가 나서 너를 죽일 수도 있었는데 피하지 않았으니, 만약 네가 죽어서 아버지가 큰 죄를 짓게 된다면 얼마나 큰 불효를 저지르는 것이겠느냐?" 이를 듣고, 증자는 공 선생님께 잘못을 인정하고 용서를 빌었다고 합니다. 어떻습니까? 증자의 아둔함이 느껴집니까?

증자는 유가에서 '효(孝)'의 대명사처럼 생각되는 인물입니다. 『논어』 「태백」 3장에는 증자가 병이 들어 제자들에게 말하는 장면이 나옵니다. "나의 발을 펴보거라. 나의 손을 펴보거라. 『시경』에 '두려워하고 삼가기를, 깊은 연못가에 있는 것처럼, 살얼음 위를 걷는 것처럼 하라.'라고 했는데, 지금부터는 내가 (죽음의 근심에서) 벗어나게 되었음을 알겠노라." 증자는 제자들에게 자기의 손과 발이 괜찮은지 살펴보라고 했습니다. 身體髮膚受之父母(신체발부수지부모). 신체와 털과 살갗은 모두 부모에게서 받았으니, 부모로부터 물려받은 몸을 소중히 여기는 게 효의 근본임을 알려줍니다.

사마천이 쓴 『사기열전』에는 "공 선생님은 증자가 효성이 지극하다고 여겨 가르침을 베풀어 『효경(孝經)』을 짓게 했다."라는 기록이 나옵니다. 나아가 증자는 공자의 학문을 계승해 자사(공자의 손자)에게 전했고, 이는 자사의 문인을 거쳐 맹자에게 이어졌습니다. 그래서 증자는 공자, 안

공자께서 부모에게 말씀하셨다

자(안회), 자사, 맹자와 함께 유학의 정통으로 인정받습니다.

『논어』「이인」 15장에서 공 선생님이 증자에게 "나의 도는 하나로 꿰뚫는다.(吾道一以貫之)"라고 하자, 다른 제자들이 증자에게 그 뜻을 묻는 장면이 나옵니다. 노둔하다는 평을 받던 증자는 어떻게 다른 제자들이 모르는 것을 알아듣는 제자가 되었으며, 유학의 학통을 이은 인물로 인정받았을까요?

저는 그 비밀을 앞서 살펴본 『논어』「학이」 4장에서 찾고 싶습니다. 증자는 날마다 '忠(충), 信(신), 習(습)', 3가지 기준을 갖고 자신을 반성했습니다. 이번 장에서는 '충, 신, 습'보다 '날마다'에 초점을 맞춰보겠습니다. 주희는 『논어집주』에서 증자의 성공 비결을 우직함²에서 찾았습니다. 증자는 '날마다' 자기를 반성하는 좋은 습관 때문에 성공한 게 아닐까요? 이번 장에서는 찰스 두히그의 『습관의 힘』을 함께 읽어보겠습니다.

나쁜 습관을 바꾸는 법

『습관의 힘』에서는 습관을 "우리가 어떤 시점에는 의식적으로 결정하지만, 얼마 후에는 생각조차 하지 않으면서도 거의 매일 반복하는 선택"으로 정의합니다. 2006년 듀크대학교 연구진이 발표한 논문에 따르면, 습관은 우리가 하는 행동의 40%를 결정합니다. 찰스 두히그는 습관이

2 주희 『논어집주(論語集註)』 "이런 우직함 때문에 증자가 학문으로 성공할 수 있었다."

어떻게 작용하는지 이해하면 습관을 바꿀 수 있다고 주장하며 다양한 예시를 보여줍니다.

연구에 따르면, 습관이 형성되는 이유는 우리 뇌가 에너지를 절약하는 방법을 지속적으로 찾기 때문입니다. 뇌가 활동을 절약하는 본능은 우리에게 상당한 이점을 제공합니다. 효율적인 뇌 작동은 뇌에 필요한 공간을 줄여 머리 크기를 작게 만듭니다. 아울러 분만 과정을 쉽게 해서 영아와 산모의 사망률도 감소합니다. 또한 효율적인 뇌 작동은 걷거나 먹는 등의 기본적인 행위에 드는 에너지 소비를 감소시킵니다. 이러한 효과들로 인해 뇌는 남는 에너지를 창조적인 활동에 더욱 효과적으로 사용할 수 있습니다. 습관은 인간 문명의 진보를 이끌었습니다.

하지만 습관이 좋은 점만 있는 것은 아닙니다. 좋지 않은 행동이라는 걸 알면서도 우리는 왜 똑같은 일을 반복할까요? 1990년대 MIT의 두뇌 인지과학과 연구자들이 수행한 쥐 실험을 통해 이에 대한 힌트를 얻을 수 있습니다. 연구자들은 뇌의 변화를 정밀하게 관측할 수 있는 초소형 전자 장비를 실험용 쥐들의 머리에 삽입했습니다. 그리고 쥐들을 T자 모양의 미로에 놓았고, 미로의 한쪽 끝에는 초콜릿을 놓았습니다.

미로의 구조는 간단했습니다. 실험용 쥐를 칸막이 뒤에 놓고, 딸깍 소리를 크게 내면서 칸막이를 열었습니다. 딸깍 소리가 나고 칸막이가 사라지면 쥐는 초콜릿을 찾아 나서는 듯했습니다. 쥐들 대부분은 미로를 헤매기는 했지만 결국에는 막힌 골목 왼쪽 코너에 있는 초콜릿을 찾아냈습니다. 그러나 연구자들은 쥐들의 행동에서 패턴을 찾지는 못했습니다. 쥐들은 마치 아무 생각도 없이 이리저리 산책하다가 초콜릿을 찾은 것처럼 보였습니다.

하지만 쥐들의 머리에 심어 놓은 센서는 다르게 이야기했습니다. 쥐들이 미로를 헤매는 동안 뇌가 아주 활발하게 움직였습니다. 특히 기저핵(basal nucleus)이 가장 활발한 활동을 보였습니다. 쥐가 냄새를 맡으려고 킁킁거리거나 벽을 긁을 때마다, 보고 듣고 냄새 맡은 모든 것을 분석하는 듯 뇌의 활동이 폭발적으로 증가했습니다. 한마디로 쥐는 미로를 걷는 내내 정보를 처리했습니다.

연구진은 똑같은 실험을 몇 번이고 반복하며, 쥐들이 똑같은 길을 수백 번씩 다니면 뇌 활동이 어떻게 변하는지 관찰했습니다. 그러자 눈에 띄는 변화가 서서히 나타났습니다. 쥐들은 냄새를 맡느라 킁킁대는 것을 점점 줄이고, 초콜릿 반대 방향으로 돌아서지도 않았습니다. 또한 미로를 통과하는 속도가 점점 빨라졌습니다. 그리고 그들의 뇌에서도 변화가 일어났습니다. 미로를 통과하는 법을 터득한 쥐들의 뇌 활동이 급격히 줄어들었습니다. 길이 익숙해지면서 쥐들이 덜 생각하기 시작했고, 마침내 습관이 되었습니다.

그러면, 습관은 어떤 과정을 거쳐 만들어질까요? 앞서 언급한 쥐 실험을 통해 습관의 연결 고리를 알아보겠습니다. 우리의 뇌는 습관을 사용해야 할 때와 하지 말아야 할 때를 구분하는 독특한 방법을 찾아냈습니다. 이러한 과정은 3단계의 고리로 이루어져 있습니다. 첫 번째 단계는 신호입니다. 신호는 뇌가 어떤 습관을 사용하라고 명령하는 자극입니다. 앞선 실험에서는 딸깍 소리와 함께 칸막이가 사라지는 것이 신호입니다.

　다음은 반복 행동입니다. 반복 행동은 몸의 움직임으로 나타날 수도 있고, 심리적인 변화나 감정의 변화로도 나타날 수 있습니다. 여기에서는 쥐가 초콜릿을 찾아 미로를 통과하는 것이 반복 행동에 해당합니다. 마지막으로, 세 번째 단계는 보상입니다. 보상은 뇌가 이 특정한 고리를 앞으로도 계속 기억할 가치가 있는지 판단하는 기준입니다. 앞서 언급한 실험에서는 달콤한 초콜릿이 쥐들에게 보상으로 작용했습니다. 이렇게 '신호 – 반복 행동 – 보상'이 계속 반복되면서 고리는 점점 기계적으로 변합니다. 이때 보상에 대한 강렬한 욕망이 필요합니다. 이러한 과정을 통해 좋은 습관이든 나쁜 습관이든, 습관이 형성됩니다.

　이제 현실적인 사례를 통해 습관을 살펴보겠습니다. 당신은 식사를 마친 후 이를 닦았습니까? 대부분 하루 두 차례 이상 양치질을 할 것입니다. 그런데, 1900년대 초까지만 해도 미국인의 7%만이 치약을 쓰며 이를 닦았습니다. 그런데 펩소던트라는 치약이 등장한 이후 10년 만에 미국인의 65%가 양치질하게 되었습니다. 어떻게 해서 양치질은 미국인을 넘어 전 세계인의 습관이 되었을까요?

미국의 광고 전문가 클로드 홉킨스는 펩소던트 치약의 광고를 부탁받았습니다. 그의 광고는 큰 성공을 거두었습니다. 10년이 지나기 전에 펩소던트는 세계에서 가장 많이 팔리는 상품 중 하나가 되었습니다. 이후 30년 이상 미국에서 가장 많이 팔리는 치약으로 군림했습니다. 그럼, 홉킨스의 광고를 살펴보겠습니다.

"혀로 당신의 치아를 느껴 보세요. 필름(치태)이 느껴질 것입니다. 당신의 치아에서 하얀 빛깔을 빼앗아 가고 충치로 발전시키는 주범입니다."

훗날 홉킨스는 인간의 심리를 적절하게 이용한 덕분에 펩소던트 치약이 성공했다고 말했습니다. 홉킨스가 말하는 인간의 심리는 2가지 기본 법칙에 기반합니다. 첫째, 단순하지만 확실한 신호를 찾아내라. 둘째, 보상을 분명하게 제시하라. 홉킨스는 펩소던트 치약이 치태라는 신호와 아름다운 치아라는 보상을 찾아냈기 때문에 성공했다고 밝혔습니다.

그러나 홉킨스의 주장은 반쪽짜리 진실일 뿐입니다. 사실 홉킨스 이전에도 치태를 제거하고 하얀 치아를 약속하는 광고가 있었습니다. 그러나 어떤 광고도 소비자의 마음을 사로잡지 못했습니다. 그렇다면 펩소던트는 어떤 점에서 차별화되었을까요? 당시 다른 치약과는 다르게, 펩소던트에는 구연산과 박하유 등 다양한 화학 물질이 함유되어 있었습니다. 이러한 성분들은 펩소던트 치약의 맛을 상쾌하게 만들었고, 혀와 잇몸에 시원하면서도 얼얼한 느낌을 만들었습니다.

사람들은 양치를 제대로 하지 않으면 입안에서 시원하고 얼얼한 느낌이 없어서 뭔가 찝찝했습니다. 소비자들은 그 약간의 자극을 기대하고 열망했던 것입니다. 다시 말해, 홉킨스는 아름다운 치아를 팔지 않고 감각을 팔았습니다. 사람들은 시원하고 얼얼한 느낌을 열망하게 되었고, 그러한 느낌을 청결과 동일시하면서 양치질이 습관으로 자리 잡았습니다.

하나의 고리로 연결된 '신호 - 반복 행동 - 보상'이 습관이 되려면, 열망이 그 고리를 계속해서 회전시켜야 합니다. 신호는 반복 행동을 유발하는 자극뿐만 아니라, 보상을 향한 열망까지 끌어내야 습관이 형성됩니다. 이제 습관의 비밀을 이해했으니, 나쁜 습관을 고치는 방법에 대해 알아보겠습니다.

저자 찰스 두히그는 습관을 변화시키기 위한 실질적인 단계를 제안했습니다. 그는 "습관을 바꾸는 것은 결코 쉽지 않고 빠르게 이뤄지지도 않지만, 시간과 꾸준한 노력을 투자한다면 거의 모든 습관을 개선할 수 있다."라고 자신했습니다.

1단계: 반복 행동을 찾아라.
습관을 정확하게 이해하기 위해서는 습관 고리의 각 부분들을 찾아내야 합니다. 가령, 당신이 오후에 카페에 가서 초콜릿칩 쿠키를 먹는 나쁜 습관이 있다고 가정해 봅시다. 이때의 반복 행동은 오후에 카페에 가서 초콜릿칩 쿠키를 사고 동료들과 이야기를 나누면서 그 쿠키를 먹는 것입니다.

2단계: 다양한 보상으로 시험해 보라.

다음 단계는 첫 단계만큼 명확하지 않습니다. 그런 반복 행동을 유발하는 신호는 뭡니까? 허기, 지루함, 아니면 다른 일을 시작하기 전에 휴식이 필요한 겁니까? 그리고 보상은 뭡니까? 쿠키 자체, 분위기의 변화, 일시적인 기분 전환, 동료들과 어울리는 즐거움, 아니면 에너지 충전입니까?

보상은 우리의 열망을 충족시키는 중요한 역할을 합니다. 그러나 습관적인 행동을 유발하는 열망이 정확히 무엇인지 파악하는 것은 쉽지 않습니다. 특정 습관과 관련된 열망을 찾기 위해 다양한 보상을 시험해 보는 것이 필요합니다. 예를 들어, 특정 시간에 카페에 가서 쿠키를 먹는 습관을 살펴보자면, 그 쿠키 자체에 대한 간절한 열망인지, 잠시의 휴식을 원하는 열망인지, 아니면 동료들과 어울리고 싶어서 카페에 간 것인지 등을 확인해야 합니다.

3단계: 신호를 찾아라.

습관을 자극하는 신호를 찾기는 어렵습니다. 습관과 관련된 행동을 시작할 때 우리는 다양한 정보에 둘러싸여 있기 때문입니다. 연구 결과에 따르면, 거의 모든 습관의 신호는 다음 5가지 중 하나에 해당합니다.

장소, 시간, 감정 상태, 다른 사람, 직전의 행동

'카페에 가서 초콜릿칩 쿠키를 사 먹는' 습관의 신호를 파악하려면 충동이 밀려오는 순간에 5가지 요소에 대해 질문을 해봅시다. 이를 며칠 동안 반복하면 내 습관을 자극하는 신호가 뚜렷이 드러납니다.

4단계: 계획을 세워서 실행하라.

마지막은 기존의 나쁜 반복 행동을 좋은 반복 행동으로 대체하기 위한 계획을 수립하고 실천하는 단계입니다. 그리고 새로운 반복 행동이 자리 잡을 때까지 노력을 기울입니다. 물론 몇몇 습관은 바꾸기 어렵습니다. 하지만 어떤 습관의 신호와 반복 행동, 보상을 찾아내면 습관을 바꿀 수 있습니다.

※ 『논어』의 다른 구절을 읽고, '습관'에 대해 생각하고 이야기 나눠 봅시다.

_____

공자께서 말씀하셨다. "타고난 본성은 서로 비슷하지만, 습관이 차이를 만든다."

子曰 "性相近也, 習相遠也."
자왈 "성상근야, 습상원야."

『논어』 「양화」 2장

5장

당신은 자녀에게
화를 잘 냅니까?

"분노에 가장 효과적인 약은 오래 참는 것이다."

- 세네카 『화에 대하여』

애공이 물었다. "제자 중에 누가 배우기를 좋아합니까?"

공자가 대답했다. "안회라는 제자가 있었는데, 배우기를 좋아하고, 남에게 화풀이하지 않았으며, 잘못을 거듭하지 않았습니다. 그런데 불행하게도 명이 짧아 죽었습니다. 지금은 그런 사람이 없으니, 아직 배우기를 좋아하는 사람에 대해 듣지 못했습니다."

哀公問 "弟子孰爲好學?"
애공문 "제자숙위호학?"

孔子對曰 "有顔回者好學, 不遷怒, 不貳過. 不幸短命死矣. 今也
공자대왈 "유안회자호학, 불천노, 불이과. 불행단명사의. 금야

則亡, 未聞好學者也."
즉망, 미문호학자야."

『논어』 「옹야」 2장

공자가 인정한 단 하나의 제자, 안회

증자는 『논어』 「태백」 8장에서 한 친구를 이렇게 소개했습니다. "능력이 있으면서도 능력 없는 사람에게 묻고, 많이 알고 있으면서도 적게 아는 사람에게 물으며, 있으면서도 없는 듯이 행동하고, 가득 차 있으면서도 빈 듯이 처신하고, 다른 사람이 속일지라도 잘잘못을 따지지 않았으니, 예전에 나의 벗이 이렇게 실천했다."

정말 친구에 대한 극찬이 아닐 수 없습니다. 증자는 이 친구의 이름을 직접 거론하지는 않았지만, 주희를 비롯한 많은 이들이 그 벗을 이 장의 주인공, 안회(顔回)라고 생각합니다. 안회의 다른 이름은 자연(子淵)이며 그래서 안연(顔淵)이라고도 부릅니다. 공문십철(孔門十哲) 중 덕행에 이름을 올렸습니다.

뛰어난 제자 중 한 명이었던 자공조차도 안회에 대해서는 한 수 접고 들어갔습니다. 『논어』 「공야장」 8장에 이런 내용이 나옵니다. 공 선생님께서 자공에게 "너와 안회 중에 누가 더 나으냐?"라고 물었습니다. 좀 짓궂은 질문입니다. 이에 자공이 답합니다. "제가 어찌 감히 안회와 견주겠습니까? 안회는 하나를 들으면 열을 알지만, 저는 하나를 들으면 둘을 아는 정도입니다." 은근히 자신도 하나를 배우면 둘 정도는 안다고 자랑하듯 말하면서도, 안회에 미치지 못하는 것을 인정하는 대답입니다.

공 선생님도 안회에 대해서만큼은 온통 칭찬 일색입니다. 『논어』에서 몇 가지 장면을 살펴보겠습니다. 「위정」 2장에서 공 선생님은 "내가 안회와 온종일 이야기를 나눴지만, 한 차례도 의문스러워하지 않아 마치 어리석은 것 같았다. 그가 물러간 뒤 어떻게 지내나 살펴보니, 내 가르침을 잘 실천하고 있었다. 안회는 어리석지 않다."라고 말했습니다. 공 선생님이 열강하고 있는데, 안회는 가만히 듣고만 있었나 봅니다. 공 선생님은 이런 안회가 답답했습니다. 그런데 안회가 생활하는 모습을 보니, 선생님의 가르침을 잘 실천했습니다. 말보다 행동이 앞서는 사람을 좋아했던 공 선생님 마음에 쏙 들었습니다.

또한 공 선생님은 「자한」 19장과 20장에서 각각 "가르쳐주면 그것을 실천하는 데 게을리하지 않는 자는 안회다.", "나는 안회가 나아가는 것은 보았어도, 그가 멈춘 것을 보지 못했다."라고 말했습니다. 「옹야」 5장에서는 "안회는 그 마음이 석 달 동안 인(仁)을 어기지 않았고, 다른 제자들은 하루 혹은 한 달 정도 인(仁)에 이를 뿐이다."라고 할 정도로 안회를 높이 평가했습니다. 다른 제자들이 민망할 정도로 안회에 대한 사랑이 넘쳤습니다. 그만큼 안회는 훌륭한 제자였습니다.

그런데 안회는 공 선생님보다 30세나 어렸지만 먼저 세상을 떠났습니다. 『사기』 「백이열전」에는 "안연은 밥그릇이 자주 텅 비었고 술지게미와 쌀겨 같은 거친 음식조차 배불리 먹지 못하고 끝내 젊은 나이에 죽고 말았다."라는 기록이 있습니다. 아마도 형편이 좋지 않아 건강을 챙기지 못한 것 같습니다. 하지만 안회는 자신이 처한 환경을 원망하거나 불평하지 않았습니다. 오히려 공 선생님은 "밥 한 그릇과 물 한 바가지로 누추한 뒷골목에 살고 있으니 다른 사람들은 그것을 견뎌 내지 못할 텐데, 안회는 그 즐거움을 바꾸려 하지 않는구나.(「옹야」 9장)"라고 안회를 칭찬했습니다.

안회는 스물아홉의 나이에 머리가 하얗게 세더니, 서른 남짓의 나이에 세상을 떠났습니다(40대에 세상을 떠났다는 설도 있음). 공 선생님의 마음은 어땠을까요? 안회가 죽자, 공 선생님은 "아! 하늘이 나를 버리시는구나, 하늘이 나를 버리시는구나.(「선진」 8장)"라고 두 번이나 탄식했습니다. 또한 곁에 있던 사람이 안회의 죽음을 너무 슬퍼하는 것 같다고 말하자, 공 선생님은 "비통해한다고? 이 사람을 위해 비통해하지 않으면, 도대체 누구를 위해 그렇게 하겠느냐?(「선진」 9장)"라며, 소중한 제자를 잃은 슬픔을 토로했습니다.

공 선생님은 이렇게 안회를 아꼈습니다. 그러니 「옹야」 2장에서 노나라 군주 애공이 "제자 중에서 누가 배우기를 좋아합니까?"라고 물었을 때, 이미 죽어 세상에 없는데도 공 선생님은 안회를 말할 수밖에 없었습니다. 그러면서 안회의 장점 3가지를 이야기했습니다. 바로 호학(好學), 불천노(不遷怒), 불이과(不貳過)입니다. '배우기를 좋아하고, 남에게 화풀이하지 않았으며, 잘못을 거듭하지 않았습니다.'라는 뜻입니다. 3가지 모두 자녀 교육에서 이야기 나눠 볼 만한 주제들입니다. '호학'과 '불이과'는 다른 장에서 다뤄 보기로 하고, 이번 장에서는 '불천노'에 대해 살펴보겠습니다.

당신은 언제 자녀에게 화가 납니까? 화를 잘 내고 있습니까? '화를 잘 내다'라는 것은 2가지 의미가 있습니다. 나쁜 의미로 화를 '버릇으로 자주' 낸다는 뜻입니다. 좋은 의미로는 화를 '훌륭하게' 낸다는 뜻입니다. 어떻게 하면 '화'라는 감정을 훌륭하게 효과적으로 전달할 수 있을까요? 안회도 '불노(不怒)', 즉 화내지 않는 것이 아니라, '불천노(不遷怒)', 남에게 화풀이하지 않는다고 했습니다. 이에 대한 해답을 찾기 위해 레너드 셰프와 수전 에드미스턴이 쓴 『나는 오늘부터 화를 끊기로 했다』를 함께 읽어보겠습니다.

화를 내면 분명히 바보처럼 행동한다

저자들은 책의 서두에 한 가지 상황을 제시했습니다. 어느 도시의 쇼핑몰에서 여러분은 10분 이상 주차할 자리를 찾아 빙빙 돌고 있습니다. 마침내 차 한 대가 나가려고 합니다. 여러분은 비상등을 켜고 앞자리의 차가 완전히 빠져나오기를 기다리고 있습니다. 그런데 반대쪽에서 다른 차량이 달려와 먼저 주차해 버립니다. 만약 당신이 이런 상황이라면 어떻습니까? 아마도 여러분은 머리끝까지 화가 날 것입니다.

이제 다른 상황을 상상해 보겠습니다. 장면은 동일합니다. 앞의 차가 주차 구역에서 나가고, 여러분은 주차 준비를 마쳤습니다. 그러나 이번에는 차가 아닌 소 한 마리가 빈자리에서 어슬렁거리고 있습니다. 여러분이 경적을 울리자, 소는 고개를 돌리며 꿈쩍도 하지 않습니다. 이런 상황에서 여러분은 어떤 감정을 느낍니까? 아마 화가 나기보다는 재미있는 광경을 발견해 즐거울 것입니다.

당신이 주차하려고 했던 자리에 다른 차가 들어오는 것과 소가 앉아 있는 것 사이에는 어떤 차이가 있습니까? 결국 주차하지 못하고, 새로운 주차 자리를 찾아 헤매야 하는 상황은 같습니다. 그러나 당신의 반응은 다르게 나타났습니다. 이것은 저자들이 주장하는 대로, '누구도 당신을 화나게 할 수 없으며, 화는 피할 수 있다.'라는 원칙을 보여줍니다. 화는 나 자신에게서 시작하고 나 자신에게서 끝납니다.

기시미 이치로와 고가 후미타케가 함께 쓴 『미움받을 용기』에도 비슷한 내용이 나옵니다. '원인론'과 '목적론'을 구분하여 설명하면서, 어떤 사건이 사람을 화나게 만드는 것(원인론)이 아니라, 인간은 자신의 목적을 달성하기 위하여 화라는 감정을 이용한다(목적론)는 것입니다. 예를 들어, 엄마와 딸이 화가 나서 큰소리로 말다툼을 벌일 때, 딸의 담임선생님으로부터 전화가 온다면 엄마는 어떻게 전화를 받을까요? 엄마는 격앙된 목소리를 금세 정중하게 바꿉니다. 그리곤 전화를 끊자마자 다시 목소리를 높여 딸에게 이야기합니다. 이렇게 화라는 감정은 언제든 넣었다 빼서 쓸 수 있는 '도구'입니다. 엄마는 화가 나서 목소리를 높인 게 아니

공자께서 부모에게 말씀하셨다

라, 큰 목소리로 딸을 위압하기 위해 화라는 감정을 이용했습니다.

화라는 감정은 주로 자신의 요구가 충족되지 않았을 때 나타납니다. 우리는 기본적으로 타인에게 요구하는 것들이 있습니다. 분명 부모는 자녀에게 바라는 것이 있습니다. 그런데 요구가 충족되지 않으면, 화가 나기 쉽습니다. 이렇게 화가 날 때, 잠시 멈추어서 자신의 요구나 필요, 기대가 무엇인지 생각해 보는 것이 중요합니다. 그것만으로도 당신은 이미 화를 다스리기 시작합니다.

『나는 오늘부터 화를 끊기로 했다』의 저자들은 자신의 요구를 명확하게 전달하지 않는 게 화를 지어내는 방법이라고 지적합니다. 종종 우리는 주변 사람들이 마치 마법처럼 우리의 마음을 이해하길 바라곤 합니다. 그리고 본인이 알리지도 않은 요구가 충족되지 못하면 분노를 일으킵니다. 자녀의 경우도 마찬가지입니다. '나를 소중하게 생각한다면, 내 마음을 알아야 해.'라는 기대를 버리고, 요구를 명확하게 전달해야 합니다.(이걸 똑같이 아이들에게도 이야기합시다. 자녀가 표현하지 않은 요구를 부모도 알 수는 없습니다.)

자녀에게 바라는 것(요구)이 있는데도, 아직 명확하게 전달하지 않은 것들이 있습니까? 가족이나 다른 중요한 사람들에게 어떤 화나 불만을 품고 있는지 생각해 봅시다. 화나 불만이 있다면, 원인을 파악해 봅시다. 먼저 당신이 요청하면 상대방이 이를 충족시킬 수 있는 요구인지 생각해 봅시다. 요구를 표현하는 데 어려움을 느끼는지, 아니면 표현하지 않아도 상대방이 '이 정도는 알겠지?'라고 생각하고 있는지 확인해 봅시다.

자녀에게 한꺼번에 모든 요구를 요청하지 말고, 한 번에 하나씩 요청해 봅시다. 어떤 이유에서든지 원하는 바를 표현하기 어렵다면, 그 요구가 타당한 것인지 자문해 봅시다. 요구가 충족되지 않았을 때 느끼는 화에 대한 자신의 역할과 책임에 대해 고민해 봅시다. 그러면 '화를 낼 것인가 말 것인가.' 하는 선택권이 당신에게 있다는 걸 알 수 있습니다.

우리의 관계를 망치는 또 다른 이유가 있습니다. 그것은 바로 자신이 맺고 있는 관계가 완벽해야 한다는 기대입니다. 당신이 자녀와의 관계를 완벽하게 만들려는 지나친 욕심을 가지고 있는 것은 아닌지 생각해 봅시다.

화가 나면 즉시 이성은 사라집니다. 화를 냈다가 금방 후회한 적이 있을 것입니다. 뉴욕대학교 신경과학자 조지프 르두는 화로 인해 바보처럼 행동하는 것이 편도체 때문이라는 사실을 밝혀냈습니다. 편도체는 뇌에서 '투쟁-도피 반응(긴박한 위협 앞에서 자동적으로 나타나는 생리적 각성 상태)'을 주관하는 부분입니다.

편도체의 반응은 즉각적이고 자동적입니다. 논리와 이성을 주관하는 전전두엽이 강력한 감정을 제어할 틈을 주지 않습니다. 원시시대에는 생존의 측면에서 편도체의 빠른 반응이 필수적이었습니다. 거대한 마스토돈과 마주칠 때, 빠른 반응은 생존에 도움이 되었습니다. 그러나 화의 관점에서는 편도체의 반응이 너무 빠르고 강력하여 뇌가 이성적인 기능을 수행하는 데 방해가 됩니다. 이러한 뇌의 작용은 우리가 화를 내면서 종종 어리석은 행동을 하는 이유를 설명해 줍니다.

캘리포니아대학교 신경과학자 매튜 리버먼은 뇌의 두 부분, 즉 전전두엽과 편도체의 기능이 서로 반비례 관계에 있다는 것을 증명했습니다. 편도체로 산소와 혈액이 몰려가면서 화가 치솟을 때, 전전두엽은 특히 더 게을러진다는 사실을 발견했습니다. 이러한 연구 결과는 화를 효과적으로 다스리지 못할 경우, 어떠한 상황에서도 최적의 결정을 내리는 데 필요한 이성적인 능력이 위협받는다는 점을 시사합니다.

우리는 화가 날 때 화를 표현할지 말지를 선택할 수 있습니다. 화라는 감정 자체를 선택하지 않을 수도 있습니다. 앞서 안연은 '불천노(不遷怒)' 했는데, '불노(不怒)'할 수도 있습니다. 화는 내가 아닌 타인 때문에 생기고, 그래서 통제 불능이라는 생각은 도움이 되지 않습니다. 자녀 때문에 화가 나는 것이 아니라, 당신이 화라는 감정을 이용하려고 하는 건 아닌지 생각해 봅시다.

당신에게 아무런 잘못이 없다고 하더라도, 화를 내지 않는 것이 가장 이롭습니다. 이미 일어난 일은 없던 일로 되돌릴 수 없습니다. 그러나 당신은 어떻게 반응할지 선택할 수 있습니다. 만약 방금 자녀가 한 행동이 마음에 들지 않는다면, 다음 장면을 변화시킬 기회는 당신이 가지고 있습니다. 화는 이성적 사고를 마비시키고 선택의 폭을 줄입니다. 그러나 이성의 힘을 총동원해 화를 지어내지 않기로 선택하면, 좋은 일들이 일어날 확률이 높아집니다. 당신은 자녀에게 화를 내는 대신에 그 힘을 행복을 가꾸는 데 활용할 수 있습니다.

마지막으로 『나는 오늘부터 화를 끊기로 했다』의 저자들이 '화날 때 읽어라.'라고 조언한 5가지 문장을 소개하겠습니다. 메모해 두었다가, 화가 나려고 할 때 읽어봅시다.

1. 화는 파괴적인 감정입니다.
2. 화의 첫 번째 희생양은 나 자신입니다.
3. 화를 내면 분명히 바보처럼 행동합니다.
4. 삶에서 화를 감소시킬 수 있습니다.
5. 화가 감소하면 나는 더 나은 성과를 거둬 더 행복해질 것입니다.

※ 『논어』의 다른 구절을 읽고, '화'에 대해 생각하고 이야기 나눠 봅시다.

번지가 (하늘에 제사를 지내는 곳인) 무우 제단 아래에서 (공자를) 따라서 노닐다가 여쭈었다. "감히 덕을 숭상하는 것과 사특한 생각을 다스리는 것, 미혹됨을 분별하는 것에 대하여 여쭙고자 합니다."
공자께서 말씀하셨다. "훌륭한 질문이구나! 일을 먼저 하고 얻는 것은 나중에 생각한다면, (그것이) 덕을 숭상하는 것이 아니겠느냐? 자신의 나쁜 점을 공격하고 다른 사람의 나쁜 점을 공격하지 않는 것이, 사특한 생각을 다스리는 것이 아니겠느냐? 한순간의 분노로 자기 자신을 잊고 부모님에게까지 (화가) 미치게 된다면 그것이 바로 미혹됨이 아니겠느냐?"

樊遲從遊於舞雩之下, 曰 "敢問崇德, 脩慝, 辨惑?"
　번지종유어무우지하,　왈 "감문숭덕,　수특,　변혹?"

子曰 "善哉問! 先事後得, 非崇德與? 攻其惡, 無攻人之惡,
자왈 "선재문! 선사후득,　비숭덕여? 공기악,　무공인지악,

非脩慝與? 一朝之忿, 忘其身, 以及其親, 非惑與?"
　비수특여? 일조지분,　망기신, 이급기친, 비혹여?"

『논어』 「안연」 21장

　공자께서 부모에게 말씀하셨다

6장

당신은 자녀에게
어떤 말을 합니까?

"말할 수 없는 것에 대해서는 침묵해야 한다."

- 루트비히 비트겐슈타인

진자금이 자공에게 말했다. "그대가 공손한 것이지, 중니(공자)가 어찌 그대보다 현명하겠소?"

자공이 말했다. "군자는 한마디 말로 지혜로운 사람이 되기도 하고, 또 한마디 말로 어리석은 사람이 되기도 합니다. 따라서 말은 마땅히 조심하지 않을 수 없습니다. 우리 선생님은 발끝도 못 따라갑니다. 이것은 하늘에 사다리를 타고 올라갈 수 없는 것과 마찬가지입니다.

만약 선생님이 나라(제후)나 가문(대부)을 맡았더라면, (민가에서) 말하는 대로 되었을 것입니다. '제자리에 우뚝 서니 모두 제자리로 돌아가고, 이끌기만 하니 모두 따라나서고, 편안하게 해주자 멀리서 찾아오고, 주선하니 화목하게 되었다.' 선생님은 살아서 영광을 누리고 죽어서 애도를 받으실 것입니다. 어떻게 선생님의 발끝에라도 따라갈 수 있겠습니까?"

陳子禽謂子貢曰 "子爲恭也, 仲尼豈賢於子乎?"
진자금위자공왈 "자위공야, 중니기현어자호?"

子貢曰 "君子一言以爲知, 一言以爲不知. 言不可不愼也.
자공왈 "군자일언이위지, 일언이위부지. 언불가불신야.

夫子之不可及也, 猶天之不可階而升也.
부자지불가급야, 유천지불가계이승야.

공자께서 부모에게 말씀하셨다

夫子之得邦家者, 所謂'立之斯立, 道之斯行, 綏之斯來, 動之斯和'.
부자지득방가자,　소위립지사립,　도지사행,　수지사래,　동지사화.

其生也榮, 其死也哀, 如之何其可及也?"
기생야영,　기사야애,　여지하기가급야?"

『논어』　「자장」25장

자공, 공자를 천하에 알리다

자공(子貢)의 이름은 단목사(端木賜)이며, 단목이 성이고, 사가 이름입니다. 다른 이름인 자공으로 널리 알려져 있습니다. 공 선생님은 제자가 삼천 명 정도 있었다고 전해집니다. 당시 지식인의 필수 교양이라 할 수 있는 육예(六藝, 예의, 음악, 활쏘기, 말타기, 쓰기, 셈하기)에 통달한 제자만 70명이 넘었다고 합니다. 자공은 언변이 뛰어나 공문십철에 이름을 올렸고, 자로, 안회와 함께 공 선생님의 3대 제자로 인정받습니다.

자공은 뛰어난 말솜씨와 함께 외교술에도 출중했습니다. 『사기』「중니제자열전(仲尼弟子列傳)」에 다음과 같은 일화가 소개되어 있습니다.

당시 제나라 권신 전상이 제나라에서 난을 일으키고자 했다. 그러나 제나라의 세족인 고씨, 국씨, 포씨, 안씨의 세력이 두려웠다. 이내 이들의 세력을 약화시키기 위해 함께 노나라를 치려 했다. 공자가 이 소식을 듣고는 제자들에게 이같이 말했다.
"노나라는 조상의 무덤이 있는 부모의 나라이다. 노나라가 이처럼 위태로운데 그대들은 어찌하여 나서지 않는 것인가?"
자로가 나서기를 청했으나 공자가 말렸다. 자장과 자석이 나서고자 했으나 이 역시 허락하지 않았다. 자공이 나서기를 청하자 비로소 허락했다. 자공이 제나라로 가 전상을 설득했다.

공자께서 부모에게 말씀하셨다

고국인 노나라가 위험에 처하자, 공 선생님은 제자들에게 도움을 요청했습니다. 자로, 자장, 자석이 차례로 나서지만, 공 선생님은 모두 만류하고 자공에게 일을 맡겼습니다. 자공의 언변을 믿은 것입니다. 자공은 제나라의 전상(田常)뿐만 아니라 오나라 왕 부차(夫差), 월나라 왕 구천(勾踐), 진나라 정공(定公)을 차례로 만나 노나라를 구하기 위한 유세를 시작했습니다.

제나라 전상에게는 노나라가 아니라 오나라를 치도록 설득했습니다. 오왕 부차에게는 제나라를 친 후 진나라까지 굴복시켜 노나라를 구하는 것이 패자(覇者)가 되는 길이라고 회유했습니다. 월왕 구천에게는 오나라 군대가 출정하면 빈틈을 노리라고 설득했고, 진정공에게는 오나라의 침공을 대비하라고 조언했습니다. 그 결과 자공은 단 한 번의 유세로 노나라를 구했고, 제나라를 혼란에 빠뜨렸으며, 오나라를 파멸로 이끌었습니다. 또한 진나라를 강하게 만들었고, 월나라를 패자로 우뚝 서게 하는 5가지 업적을 이루었습니다.

공 선생님의 다른 제자들과 달리 자공은 『사기』「중니제자열전」뿐만 아니라 「화식열전(貨殖列傳)」에도 이름을 올렸습니다. 사마천은 고대 중국의 부자들 이야기를 「화식열전」에 담아, 그들이 많은 재물을 축적할 수 있었던 방법과 과정을 다루었습니다. 사마천은 자공에 대해 공자의 제자 70여 명 중 가장 부유했다고 하며, "원래 자공은 쌀을 사두었다가 비쌀 때 내다 파는 폐거(廢擧)를 좋아했다. 시세를 보아 재화를 유통시키는 방법으로 많은 재산을 모았다."라고 기록했습니다. 더 나아가 "공자의 이름이 천하에 골고루 알려지게 된 것은 자공이 그를 앞뒤로 도왔기 때문이다."라고 자공을 높이 평가했습니다.

그런데 공 선생님은 교언영색(巧言令色, 「학이」 3장)하는 사람, 즉 말 잘하고 표정 꾸미는 사람을 싫어했습니다. 더불어 눌언민행(訥言敏行, 「이인」 24장), 즉 말은 어눌하게 해도 행동은 민첩하게 하라고 가르쳤습니다. 그러니 뛰어난 언변을 갖추고 막대한 부를 쌓았지만, 자공은 공 선생님에게 핀잔을 듣기 일쑤였습니다.

하루는 자공이 "저는 다른 사람이 저에게 하기를 바라지 않는 바를 저 또한 다른 사람에게 하지 않으려고 합니다."라고 이야기하자, 공 선생님은 단칼에 "사(자공)야, 그런 일은 네가 할 수 있는 일이 아니다.(「공야장」 11장)"라고 말했습니다. 그리고 자공이 군자에 대하여 여쭙자, 공 선생님은 "말을 앞세우기보다 먼저 실천하고 나서 말이 행동을 따르도록 하라.(「위정」 13장)"라고 자공의 말재주를 경계했습니다.

또 하루는 공 선생님이 자천(子賤)을 군자(君子)라고 칭찬하자, 자공이 "저는 어떻습니까?"라고 여쭈었습니다. 다른 제자를 격려하는 모습을 보니 자신도 칭찬을 좀 듣고 싶었던 모양입니다. 그런데 뜻밖에도 공 선생님은 자공에게 "너는 그릇이다."라고 대답했습니다.

군자불기(君子不器, 「위정」 12장). 군자는 그릇처럼 한 가지 용도로만 쓰이는 사람이 아니라, 학식과 덕망을 두루 갖춘 폭넓은 사람이라는 뜻입니다. 선생님이 자신을 '그릇'이라고 평가하니, 실망이 제법 컸을 텐데도 자공은 질문을 이어갑니다. "어떤 그릇입니까?" 공 선생님은 '호련(瑚璉)'이라고 대답했습니다(「공야장」 3장). 호련은 제사에서 곡식을 담는 옥 그릇으로 굉장히 귀중한 것이었습니다. 공 선생님은 자공을 호련에 비유하면서, 세상에 귀하게 쓰일 인물이니 공부를 게을리하지 말라고 의욕을 북돋웠습니다.

자공은 당대에 공 선생님보다 더 높은 평가를 받기도 했습니다. 하루는 숙손무숙(叔孫武叔)이 자공을 공 선생님보다 더 현명하다고 이야기했습니다. 자공은 "궁궐의 담장에 비유한다면 나의 담장은 어깨에 미치므로 집안의 좋은 것을 엿볼 수 있지만, 선생님의 담장은 몇 길이므로 그 문을 찾아 들어가지 못하면 종묘의 아름다움과 백관의 풍성함을 보지 못합니다. 그 문을 찾은 자도 적으니 숙손무숙이 그렇게 말씀하시는 것도 당연하지 않겠습니까?(「자장」 23장)"라고 재치 있게 자신을 낮추고 선생님을 높였습니다.

앞서 인용한 『논어』 「자장」 25장에서도 자공은 "자신은 공 선생님의 발끝에도 미치지 못한다."라며 겸손함과 선생님에 대한 존경을 보여주었습니다. 공 선생님이 돌아가신 후에 다른 제자들은 삼년상을 치를 때, 자공은 3년 더 많은 육년상을 치렀습니다. 그리고, 말재주를 주의하라는 공 선생님의 가르침을 잊지 않고, "군자는 한마디 말로 지혜로운 사람이 되기도 하고, 또 한마디 말로 어리석은 사람이 되기도 합니다. 따라서 말은 마땅히 조심하지 않을 수 없습니다."라고 이야기했습니다. 부모가 자녀에게 하는 '말'은 또 얼마나 중요합니까? 말의 가치에 대해 생각하면서, 『엄마의 말 공부』를 함께 읽어보겠습니다.

자녀에게 해주는 5가지 부모의 말

'말 공부'에 대한 이야기를 나누기 전에 먼저 '학습된 무기력'이라는 개념을 살펴보겠습니다. 펜실베이니아대학교 심리학 교수 마틴 셀리그먼은 24마리의 개를 세 집단으로 나누고, 전기 충격을 통한 학습된 무기력을 연구했습니다. A 집단의 개에게는 코로 조작기를 누르면 전기 충격을 멈출 수 있는 환경을 제공했고, B 집단은 조작기를 눌러도 계속해서 전기 충격을 받게 되는 조건을 조성했습니다. 마지막으로 C 집단은 전기 충격을 주지 않았습니다.

셀리그먼은 세 집단을 24시간 후에 각각 다른 상자로 옮겨놓고 다시 전기 충격을 가했습니다. 세 집단 모두 상자 중앙에 있는 장애물을 넘으면 전기 충격을 피할 수 있었습니다. 실험 결과, A 집단은 자신의 노력으로 전기 충격을 피한 경험이 있어 빠르게 장애물을 넘어가 전기 충격을 피했습니다. C 집단도 이전에 전기 충격을 경험하지 않아 무기력을 느끼지 않았고, 장애물을 넘어가 전기 충격을 피했습니다.

그러나 B 집단 중 3분의 2는 무기력하게 구석에 웅크리고 앉아 전기 충격을 고스란히 당했습니다. 어떤 노력에도 피할 수 없었던 상황을 경험한 개들은 무기력을 학습한 것입니다. 이렇게 무기력은 전기 충격 그 자체 때문이 아니라, 전기 충격을 자신이 통제할 수 없다는 사실을 학습했기 때문에 생깁니다. 셀리그먼은 이를 '학습된 무기력'이라고 정의했습니다. 아무리 노력해봤자 성공할 수 없다고 느끼고, 성공할 수 없으니 차라리 아무것도 하지 않으려는 태도를 말합니다.

　그런데 생각해 볼 문제가 있습니다. 전기 충격을 피할 수 없었던 개들 중 3분의 1은 왜 무기력하지 않고 움직일 수 있었을까요? 무기력이 학습되는 과정도 물론 중요합니다. 하지만 어떤 힘이 무기력을 극복하게 하는지가 더 중요합니다. 그 개들은 어떻게 무기력을 이겨냈을까요?

　셀리그먼은 『학습된 낙관주의』라는 책에서 그 이유를 이렇게 설명하고 있습니다. "비관주의자는 나쁜 일이 오랫동안 계속될 것으로 믿는다. … 모두 자기가 못났기 때문이라 생각한다. 반면, 낙관주의자는 실패를 그저 일시적인 후퇴로 여긴다. … 좋지 않은 상황에 빠지면 이것을 오히려 도전으로 여기며 더 열심히 노력한다."

　아울러 셀리그먼은 무기력도 학습될 수 있지만, 낙관주의 역시 학습될 수 있다고 주장합니다. 셀리그먼은 B 집단의 도전을 포기했던 개들을 대상으로 실험을 계속 진행했습니다. 이번에는 전기 충격을 가한 후, 그 개들을 안아서 안전한 곳으로 여러 차례 반복해서 옮겼습니다. 즉, 무기력을 학습했던 개들이 도움을 받아 안전한 곳으로 옮겨졌습니다.

개들은 어떻게 변했을까요? 처음에는 무기력한 상태에서 시작했습니다. 하지만 안전한 곳으로 옮겨진 경험 덕분에 그들은 얼마 지나지 않아 장애물을 넘어가는 방법을 익혔습니다. 안전하게 구조된 새로운 경험을 통해 스스로 행동하면 어떠한 도전도 극복 가능하다는 사실을 깨달았습니다. 셀리그먼은 어린 강아지가 이러한 반응을 배우면 성장해도 학습된 무기력을 효과적으로 극복할 수 있다는 사실을 발견했습니다.

우리 아이가 혼자 마음속으로 '나는 해 봤자 소용없어.'라고 무기력에 빠지려 할 때, 부모는 아이를 안전한 곳으로 옮겨놓을 수 있어야 합니다. 『엄마의 말 공부』의 저자는 우리 아이가 실수하고 실패하며 넘어질 때 다시 안전함을 경험하게 하는 5가지 부모의 말을 소개하고 있습니다. 이를 저자는 '부모의 전문용어'라고 표현했습니다. 이제 그 '말'들을 하나하나 알아보겠습니다.

첫 번째는 "힘들었겠다."입니다. 만약 아이가 힘들어하는 상황이라면, 부모는 아이의 괴로운 마음을 다정하게 보듬어 주어야 합니다. 그렇지 않으면 아이의 마음이 건강하게 자라지 못합니다. 아이가 어려움을 겪을 때, 부모가 격려의 말을 건네주면 아이는 다시 힘을 내어 잘 성장할 수 있습니다. 부모가 아이의 힘든 상황을 인지하고 이해해 준다면, 아이는 그 고통에서 벗어날 수 있습니다.

두 번째는 "이유가 있을 거야. 그래서 그랬구나."입니다. 아이가 문제 행동을 할 때, 부모는 혼을 냅니다. 아이들은 잘못을 저질렀을 때 혼나야 한다는 사실을 잘 알고 있습니다. 그러나 아이들은 누군가가 잘못된 행동의 이유를 알아주길 기대하기도 합니다. 그래서 아이에게 어떤 이유가 있었음을 믿는 마음과 그 마음을 표현하는 부모의 전문적인 언어가 필요합니다. 아이가 잘못해도, 행동의 배경에는 분명한 이유가 있을 것이라고 믿어야 합니다. 아이가 왜 그런 행동을 했는지 먼저 충분히 들어주고 난 다음 충고해야 합니다.

세 번째는 "좋은 뜻이 있었구나."입니다. 아이가 문제 행동을 하더라도 그 속에는 긍정적인 의도가 숨어 있을 수 있습니다. 아이가 친구를 때리거나 거짓말을 하거나 약속을 지키지 않는 등의 문제 행동을 할 때도, 그 이면에는 긍정적인 의도가 존재할 수 있다는 것을 이해해야 합니다. 부모가 아이의 긍정적 의도를 이해하고 말로 표현해 주면, 아이는 그에 따라 성장합니다.

네 번째는 "훌륭하구나."입니다. 아이의 성격적 특징을 부정적으로 보지 말고 긍정적으로 전환해야 합니다. 소심한 아이는 세심함을 통해 다른 사람이 놓치는 부분을 찾아내는 장점이 있습니다. 함께 즐겁게 시간을 보낼 때 세심한 아이는 상대방의 표정에서 불편함을 읽어냅니다. 부모는 성공한 사람들을 보며 우리 아이도 그와 같이 성장하기를 바랍니다. 그러나 아이의 일상이 성공과 거리가 멀다고 느낄 때, 부모는 안타깝고 초조한 마음에 아이의 미숙한 부분을 강조합니다. 성공한 이들에게는 부정적인 특성을 긍정적으로 보고 격려해 준 누군가가 있었습니다. 부모는 아이의 특성을 긍정적으로 인식하고, 그것을 장점으로 강조하여 격려하는 역할을 해야 합니다.

마지막 다섯 번째는 "어떻게 하면 좋을까?"입니다. 만약 아이가 1부터 100까지 세기 연습을 한다면, 어떤 방식으로 연습할지 아이에게 물어보는 것이 좋습니다. 아이의 창의적이고 새로운 아이디어는 어른의 생각과는 다릅니다. 아이의 생각을 물어볼 때마다 부모는 커가는 아이의 마음을 볼 수 있습니다. 아이의 말에 귀 기울이고, 그들의 창의적인 아이디어를 존중하며 인정하는 것이 중요합니다.

『논어』는 마지막 장에서 말의 중요성을 강조하면서 "천명을 알지 못하면 군자가 될 수 없고, 예를 알지 못하면 세상에 당당히 설 수 없고, 말을 알지 못하면 사람을 알 수 없다.(「요왈」 3장)"라고 마무리됩니다. 그만큼 『논어』 전편에 걸쳐 말의 중요성을 강조하고 있습니다. 뛰어난 말재주를 가졌던 자공도 끝내 말을 삼가는 것이 중요하다는 점을 깨달았습니다. 부모도 내 아이를 위해 말을 신중하게 해야 합니다.

※ 『논어』의 다른 구절을 읽고, '말'에 대해 생각하고 이야기 나눠 봅시다.

___

공자께서 말씀하셨다. "군자는 말에는 어눌하고, 행동에는 민첩하려고 한다."

子曰 "君子欲訥於言而敏於行."
자왈 "군자욕눌어언이민어행."

『논어』 「이인」 24장

공자께서 말씀하셨다. "자기 말에 부끄러움을 느끼지 않는다면, 그 말을 실천하는 것도 어렵다."

子曰 "其言之不怍, 則爲之也難."
자왈 "기언지부작, 즉위지야난."

『논어』 「헌문」 20장

당신의 자녀는
좋은 친구입니까?

"친구를 얻는 유일한 방법은
스스로 완전한 친구가 되는 것이다."

- 랄프 왈도 에머슨

88   공자께서 부모에게 말씀하셨다

자하의 문인이 자장에게 (벗을) 사귀는 것에 관해 묻자 자장이 말했다. "자하는 뭐라고 말씀하시던가?"

(문인이) 대답했다. "자하께서는 '괜찮은 사람은 사귀고, 괜찮지 않은 사람은 거절하라'고 하셨습니다."

자장이 말했다. "내가 들은 것과는 다르구나. 군자는 현명한 사람을 존경하고 뭇사람을 포용하며, 선한 사람을 좋게 여기고, 능력 없는 사람을 불쌍히 여긴다. 내가 크게 현명하다면 다른 사람에 대해 무엇인들 포용하지 못하겠는가? 내가 현명한 사람이 아니라면 사람들이 나를 거절할 것이니 (내가) 어떻게 남을 거절할 수 있겠는가?"

子夏之門人問交於子張. 子張曰 "子夏云何?"
　자하지문인문교어자장.　자장왈 "자하운하?"

對曰 "子夏曰 '可者與之, 其不可者拒之,'"
대왈 "자하왈 '가자여지, 기불가자거지,'"

子張曰 "異乎吾所聞. 君子尊賢而容衆, 嘉善而矜不能, 我之不賢
與,
자장왈 "이호오소문. 군자존현이용중, 가선이긍불능, 아지불현야,

於人何所不容? 我之不賢與, 人將拒我, 如之何其拒人也?"
　어인하소불용?　아지불현여, 인장거아, 여지하기거인야?"

　　　　　　　　　　　　　　　　　『논어』　「자장」 3장

　공자께서 부모에게 말씀하셨다

자장은 지나치고, 자하는 미치지 못한다

'과유불급(過猶不及)'이라는 사자성어를 들어봤을 것입니다. '지나친 것은 미치지 못하는 것과 같다.'라는 뜻입니다. 바로 이번 장의 주인공 자장과 자하가 '과유불급'의 유래입니다. 『논어』「선진」 15장에서 자공이 공 선생님께 묻습니다. "자장과 자하 중에서 누가 더 현명합니까?" 이에 공 선생님은 "자장은 지나치고, 자하는 미치지 못한다."라고 대답했습니다. 그러자 자공은 "그렇다면 자장이 더 낫습니까?"라고 다시 여쭈었습니다. 아무래도 자공은 모자란 것보다는 지나친 게 더 낫다고 생각했나 봅니다. 그런데 공 선생님은 "지나친 것은 미치지 못한 것과 같다."라며 이른바 중용(中庸)의 도를 말했습니다.

이렇게 공 선생님으로부터 엇갈린 평가를 받았던 자장과 자하. 그중 먼저 자장에 대해 알아보겠습니다. 자장(子張)의 성은 전손(顓孫)이고 이름은 사(師)입니다. 다른 이름인 자장으로 더 널리 알려져 있습니다. 공문십철에는 이름을 올리지 못했지만, 『논어』에서 꽤 비중이 높은 제자입니다. 깊이 사색하는 것을 즐겼으며, 공 선생님께 '인(仁)', '총명함', '통달' 등을 묻고 답하는 장면이 『논어』에 담겨 있습니다.

이제 다른 제자들이 자장을 어떻게 평가했는지 몇 가지 장면을 살펴보겠습니다. 자유(子遊)는 "나의 벗 자장은 어려운 일을 하는 데 능하다. 그러나 아직 인(仁)하지는 않다.(『논어』「자장」 15장)"라고 했습니다. 증자는

"당당한 자장이지만, 그와 더불어 인(仁)을 행하기는 어렵다.(「자장」 16
장)"라고 평했습니다. 동문수학하는 친구들도 자장의 능력은 높이 평가
했지만, 지나치게 적극적인 성품 때문인지 그다지 좋게 평가하지는 않았
습니다.

　이에 비해 자공은 『공자가어』 「제자행」에서 "자신에게 아름다운 공로가
있어도 자랑하지 않고, 높은 벼슬에 올라도 좋아하지 않고, 가난하고 천
한 자를 만나도 업신여기지 않으며, 세상에 의지할 곳 하나 없는 사람들
을 더욱 불쌍히 여기는 것은 전손사의 행실이다."라며 자장을 높이 평가
하기도 했습니다.

　이어서 자하(子夏)에 대해 알아보겠습니다. 자하의 성명은 복상(卜商)
이며, 공문십철 중 문학 부문에 자유와 함께 이름을 올렸습니다. 자하는
공 선생님이 돌아가신 후에는 위나라에 가서 문후(文侯)를 가르치기도
했습니다. 자신보다 먼저 세상을 떠난 아들의 죽음을 비통해하다가 시력
을 잃었다고 전해집니다.

　『논어』에 나오는 자하의 말을 통해 그에 대해 조금 더 살펴보겠습니다.
「자장」 5장에서 자하는 "날마다 모르는 것들을 알게 되며, 달마다 잘하
는 것을 잊지 않는다면 배움을 좋아한다고 말할 수 있다."라고 했습니다.
「자장」 6장에서는 "널리 배우고 뜻을 돈독히 하며, 절실하게 묻고 가까운
것부터 생각하면 인(仁)은 그 가운데 있다."라고도 했습니다. 자하가 공

부를 어떻게 했는지 짐작할 수 있습니다.

학문을 대하는 자하의 태도는 자유와의 일화를 통해서도 알 수 있습니다. 하루는 자유가 "자하의 제자 중 나이가 어린 사람들은 물을 뿌리고 마당을 쓸며, 부르고 물으면 대답하고, 나아가고 물러나는 예절에 대해서는 잘 안다. 그러나 그것은 보잘것없는 일들일 뿐이다. 자하의 가르침에는 도(道)의 근본이 없다."라고 말했습니다.

이에 자하는 "자유의 말이 지나치구나. 군자의 도(道)에서 어떤 것을 먼저 하고 어떤 것을 미루어 소홀히 하겠는가? 비교하자면 초목(草木)은 종류에 따라 구분할 수 있듯이, 심오한 진리만 가르쳐 군자의 도를 속일 수는 없다."라고 자유를 비판했습니다. 즉, 사람마다 다른 특성이 있고 능력에 차이가 있으니, 그에 따라 무조건 심오하고 고상한 진리만 가르치는 게 능사는 아니라는 것입니다.

마지막으로 정치에 대한 공 선생님과의 문답을 통해 자장과 자하의 차이점을 살펴보겠습니다. 하루는 자장이 녹봉을 구하는 방법을 배우고자 했습니다. 정치를 하고 싶었던 것입니다. 이렇게 자장은 자신의 원하는 것을 적극적으로 묻는 사람이었습니다. 그러자 공 선생님은 "많은 걸 듣되 의심스러운 부분은 빼놓고 그 나머지를 조심스럽게 말하면 허물이 적다. 또한 많은 걸 보되 위태로운 것을 빼놓고 그 나머지를 조심스럽게 행하면 후회하는 일이 적을 것이다. 말에 허물이 적고 행동에 후회가 적으면 출세는 자연히 이루어진다"(「위정」 18장). 라고 훈계했습니다.

그런데 정치를 하게 된 사람은 자하였습니다. 「자로」 17장에 보면, 자하가 거보의 읍재(邑宰)[3]가 되어 공 선생님께 정치에 관해 묻는 장면이 나옵니다. 공 선생님께서는 "서두르지 말고, 작은 이익을 보려고 하지 말아라. 서두르면 도달하지 못하고, 작은 이익을 보려고 하면 큰일을 이루지 못한다."라고 가르쳤습니다.

이제 앞서 제시한 「자장」 3장의 글을 살펴보겠습니다. 자장이 '벗을 사귀는 것'에 대한 자하의 견해를 무시하는 듯한 모습을 보입니다. 이에 대해 주희가 평한 것을 보면, "자하의 말이 너무 박절하고 좁으니, 자장이 나무라는 것이 옳다."라고 자장의 손을 들어 주었습니다. "다만 자장이 말한 것도 지나치게 높은 폐단이 있다. 크게 현명하면 비록 포용하지 않음이 없으나 큰 잘못은 또한 마땅히 끊어야 하고, 어질지 못한 이는 진실로 남을 거절할 수 없으나 손해 되는 벗은 또한 마땅히 멀리해야 하니, 배우는 자가 살피지 않으면 안 된다."라고도 말했습니다.

당신은 당신의 자녀가 어떤 친구를 사귀기를 원합니까? 그리고 당신의 자녀가 다른 사람에게 어떤 친구가 되기를 원합니까? 이번 장에서는 '친구'를 주제로 로빈 던바의 『프렌즈』를 함께 읽어보겠습니다.

---

3 한 고을을 다스리는 사람

좋은 친구가 되려면

로빈 던바는 『프렌즈』의 저자로, 영국 옥스퍼드대학교 인류학과 교수입니다. 그는 '던바의 수'로 유명하며, 이는 한 사람이 유지할 수 있는 최대한의 친구 수를 나타냅니다. 던바는 이 수를 150명으로 제시했습니다. 다시 말해, 아무리 사교적인 사람이라도 진정한 사회적 관계를 유지할 수 있는 사람 수는 150명을 넘을 수 없다는 것입니다.

던바의 수에 대해 조금 더 살펴보면, 친구들 150명은 층위를 이룹니다. 5명은 '절친한 친구들', 10명은 '친한 친구들', 35명은 '좋은 친구들', 100명은 '그냥 친구들'입니다. 150명 이외의 친구들은 '지인' 정도로 생각할 수 있습니다. 그리고 던바는 이들 각 층위의 친구들은 서로 다른 역할을 한다고 주장했습니다.

5명의 '절친한 친구들'은 지지 모둠의 역할을 합니다. 감정적, 물리적, 그리고 금전적인 도움을 아낌없이 나눌 수 있는 친구들입니다. 이들은 '기대서 올 수 있는 친구들'이라고 할 수 있습니다. 또한 10명의 '친한 친구들'은 일상적인 사교 생활의 상대가 됩니다. 저녁 식사에 초대하거나 영화관에 같이 가는 등의 활동을 함께하는 친구들입니다.

던바는 35명의 '좋은 친구들'을 '파티 친구들'이라고 불렀습니다. 주말 바비큐, 생일파티, 기념일 파티 등에 초대하는 친구들입니다. 그리고

100명의 '그냥 친구들'은 결혼식과 같은 특별한 행사에 초대할 수 있는 친구들입니다. 이렇게 각 층위의 친구들은 서로 다른 감정적 친밀도를 느끼며, 접촉하는 빈도와 서로 도움을 주려는 의지에도 차이가 있습니다.

우리는 왜 친구가 필요할까요? 현대 사회에서 고독은 주요 문제가 되고 있으며, 연구 결과에 따르면 친구와의 소통과 교류가 행복과 건강에 긍정적인 영향을 미칩니다. 이제 몇 가지 연구 결과를 살펴보겠습니다.

덴마크 국립공중보건연구소의 지기 산티니와 동료들은 50세 이상의 약 3만 8000명을 대상으로 데이터를 분석했습니다. 연구 결과, 친한 친구들이 있고, 외부 클럽 및 단체 활동(교회, 자원봉사 기구, 교육 활동, 정치 활동, 시민단체)에 적극적으로 참여한 사람들이 그렇지 않은 사람들보다 우울증 발생률이 훨씬 낮았다는 결과를 도출했습니다.

미국 브리검영대학의 줄리안 홀트 룬스타드는 60세 이상인 사람들의 기대 수명에 미치는 고독의 영향을 조사했습니다. 조사 결과, 사회적 고립, 혼자 살기, 고독감과 같은 요인들은 사망 확률을 약 30% 높일 수 있음을 발견했습니다. 많은 친구나 동거자가 있는 사람들, 또는 지역 공동체에 적극적으로 참여한 사람들은 그렇지 않은 사람들보다 더 오래 살았습니다.

미국 카네기멜론대학의 세라 프레스먼과 연구팀은 고독이 면역체계에 부정적인 영향을 미친다는 것을 밝혀냈습니다. 이들은 대학 신입생들을 대상으로 한 연구에서, 고독감을 느낀 학생들이 독감 예방접종 후 면역 반응이 약화된 것을 확인했습니다. 즉, 고독을 느낀 학생들의 면역체계가 취약해져 백신이 효과를 충분히 발휘하지 못했습니다.

그렇다면 친구와 우정을 쌓기 위해 우리에게 필요한 능력은 무엇일까요? 던바는『프렌즈』에서 우정에 필요한 2가지 중요한 심리적 메커니즘을 설명했습니다. 하나는 '마음 읽기' 능력이고, 또 다른 하나는 '억제'입니다.

먼저 '마음 읽기' 능력을 잘 설명해 주는 '샐리와 앤 실험'이 있습니다. 샐리와 앤이 함께 놀고 있는 동안, 샐리는 소파 한쪽 끝의 쿠션 밑에 공을 숨겼습니다. 그런 다음 샐리가 잠시 나가면, 앤은 그 공을 꺼내 소파 반대편의 쿠션 밑에 감췄습니다. 부모는 이 상황을 연기하면서 아이에게 상황을 설명합니다. 이후 샐리가 돌아오면, 부모는 아이에게 질문합니다. "샐리는 공이 어디에 있다고 생각할까? 샐리는 어디에서 공을 찾으려고 할까?"

만 4세인 아이들은 대개 앤이 공을 감춘 장소를 손가락으로 가리킵니다. 아이들은 그곳에 공이 있다는 사실을 알고 있기 때문입니다. 그러나 만 5세가 되면, 아이들은 샐리가 나가기 전에 공을 감춘 곳을 가리킵니다. 아이에 따라 다르지만 대개 5세 정도가 되면, 아이들은 마음 읽기 능력을 갖춥니다.

즉, 만 4세의 아이는 자신의 관점과 다른 사람의 관점을 구별하지 못합니다. 자신의 생각이 다른 사람들의 생각과 같다고 생각합니다. 그러나 만 5세 이후로는 세계에 대한 자신의 지식(공이 실제로 있는 위치)과 다른 사람의 지식(샐리가 생각하는 공의 위치)을 구별할 수 있습니다.

마음 읽기 능력은 다른 사람의 관점과 감정을 이해하고 공감하는 능력을 나타냅니다. 이 능력은 다른 사람의 마음을 더 잘 이해하고 상황에 더 나은 대처를 할 수 있도록 도와줍니다. 인간관계에서 상대방의 감정을 고려하고 이해함으로써 적절한 대화와 상호작용을 촉진하며, 친밀한 관계를 유지하고 발전시키는 데 도움을 줍니다.

두 번째 메커니즘은 '억제'입니다. 억제는 관계에서 부정적인 영향을 미치는 행동을 억누르는 것을 의미합니다. 타인과의 관계에서는 상대방의 감정을 고려하며 적절한 행동을 선택하는 것이 중요합니다. 예를 들어, 자기중심적인 행동, 지나친 감정 표현, 무례한 언사 등은 관계를 망가뜨릴 수 있습니다.

억제는 현재의 작은 이익을 포기하고 미래에 더 큰 이익을 얻기 위해 행동하는 메커니즘입니다. 다른 이들과의 관계에서 자기중심적이거나 감정적으로 지나치게 반응하지 않는 것은 미래에 더 건강한 관계를 형성하는 데 도움이 됩니다. 스테판 칼슨과 루이스 모지스 등의 연구자들은 아이들의 억제 능력이 뛰어날수록 사회적 기술과 마음 읽기 능력이 우수하다는 사실을 입증했습니다.

이제 우정의 토대가 되는 법칙들을 살펴보겠습니다. 영국의 사회심리학자 마이클 아가일과 모니카 헨더슨은 광범위한 실험 연구를 수행했습니다. 그리고 관계를 안정적으로 유지하는 데 필요한 6가지 핵심 법칙을 찾아냈습니다.

1. **다른 이가 자리에 없어도 그 사람의 편을 들어줍니다.**
2. **소중한 소식을 그 사람과 공유합니다.**
3. **감정적인 지원이 필요할 때 지원해 줍니다.**
4. **서로를 믿고 비밀을 털어놓습니다.**
5. **도움이 필요한 경우 자발적으로 돕습니다.**
6. **상대방의 행복을 위해 노력합니다.**

어떻습니까? 당신의 자녀가 이 6가지 법칙에 맞는 친구를 사귀기를 원하지 않습니까? 또 당신의 자녀가 이런 친구가 되기를 원하지 않습니까?

※ 『논어』의 다른 구절을 읽고, '친구'에 대해 생각하고 이야기 나눠
봅시다.

공자께서 말씀하셨다. "덕(德)이 있는 사람은 외롭지 않다. 반드시 이웃
이 있다."

子曰 "德不孤, 必有隣."
자왈 "덕불고, 필유린."

『논어』 「이인」 25장

공자께서 말씀하셨다. "유익한 벗이 셋이 있고 해로운 벗이 셋이 있다. 정직한 사람을 벗하고, 미더운 사람을 벗하며, 견문이 많은 사람을 벗하면 이롭다. 아첨을 잘하는 사람을 벗하고, 선하고 유순한 듯하면서 (겉과 속이) 다른 사람을 벗하며, 말을 교묘히 둘러대는 사람을 벗하면 해롭다."

子曰 "益者三友, 損者三友. 友直, 友諒, 友多聞, 益矣. 友便辟,
자왈 "익자삼우, 손자삼우. 우직, 우량, 우다문, 익의. 우변벽,
友善柔, 友便佞, 損矣."
우선유, 우변녕, 손의."

『논어』 「계씨」 4장

8장

당신은 자녀에게
알맞은 교육을 합니까?

"개성을 억압하는 것이 무엇이건 그것은 독재다."

- 존 스튜어트 밀

자로가 "좋은 말을 들으면 곧 실천해야 합니까?" 하고 여쭙자, 공자께서 말씀하셨다. "부모 형제가 있는데 어찌 듣는 대로 곧 행하겠느냐?"

염유가 "좋은 말을 들으면 곧 실천해야 합니까?" 하고 여쭙자, 공자께서 말씀하셨다. "들으면 곧 행해야 한다."

공서화가 여쭈었다. "유(자로)가 '들으면 곧 실천해야 합니까?'라고 여쭈었을 때는 선생님께서 '부모 형제가 있다.'라고 하셨는데, 구(염유)가 '들으면 곧 실천해야 합니까?' 하고 여쭈었을 때는 '들으면 곧 행해야 한다.'라고 말했습니다. 저는 의아하여 감히 여쭙고자 합니다."

공자께서 말씀하셨다. "구(염유)는 소극적이기 때문에 적극적으로 나서게 한 것이고, 유(자로)는 남을 이기려 하기 때문에 물러서도록 한 것이다."

子路問 "聞斯行諸?" 子曰 "有父兄在, 如之何其聞斯行之?"
자로문 "문사행저?" 자왈 "유부형재, 여지하기문사행지?"

冉有問 "聞斯行諸?" 子曰 "聞斯行之."
염유문 "문사행저?" 자왈 "문사행지."

公西華曰 "由也問'聞斯行諸?'. 子曰'有父兄在', 求也問'聞斯行諸?',"
공서화왈 "유야문'문사행저?'. 자왈'유부형재', 구야문'문사행저?',"

子曰 "'聞斯行之'. 赤也惑, 敢問."
자왈 "'문사행지'. 적야혹, 감문."

子曰 "求也退, 故進之, 由也兼人, 故退之."
자왈 "구야퇴, 고진지, 유야겸인, 고퇴지."

『논어』 「선진」 21장

공자께서 부모에게 말씀하셨다

공서화가 의아했던 사연

『논어』「선진」 21장에는 공 선생님의 제자 세 명이 함께 등장합니다. 자로와 염구(염유) 그리고 공서화입니다. 자로와 염구에 대해서는 앞서 소개해 드렸기 때문에 이번 장에서는 공서화에 대해 알아보겠습니다.

공서화의 성은 공서(公西)이고 이름은 적(赤)입니다. 다른 이름으로 화(華)를 쓰기 때문에, 『논어』에 나오는 공서적과 공서화는 같은 사람입니다. 공서화는 『논어』에서 자로, 염구와 함께 나오는 장면이 많습니다. 「공야장」 7장에서는 맹무백(孟武伯)이 공 선생님에게 자로와 염구, 공서화가 '인(仁)'한지 묻는 장면이 나옵니다.

공 선생님은 세 사람 모두 인(仁)한지는 모르겠지만, 자로는 "제후국에서 군사 일을 다스리게 할 수 있을 정도."라고 평했고, 염구는 "경대부 집안에서 우두머리 직책을 삼을 수 있을 정도."라고 말했습니다. 그리고 공서화는 "의관을 갖추고 조정에 세워 빈객을 접대하면서 이야기를 나누게 할 수 있을 정도."라고 평했습니다. 이를 통해 우리는 공서화가 외교적 수완이 뛰어난 제자였다는 점을 알 수 있습니다.

『논어』「선진」 25장에서도 자로, 염구, 공서화가 공 선생님과 대화를 나눕니다. 공 선생님이 "만약 누군가 너희를 알아주는 사람이 있다면 어떻게 하겠느냐?"라고 묻자, 자로는 "한 제후국이 큰 나라들 사이에 끼어 있어서 군대의 침략을 당하고 연이어 기근이 들더라도, 제가 그 나라를 3년 정도 다스리면 백성들이 용감해지고 또 살아갈 방법을 알게 할 수 있습니다."라고 대답했습니다.

염구는 "사방 50~70리 되는 땅을 제가 3년 정도 다스린다면 백성을 풍족하게 할 수 있습니다. 하지만 그곳의 예법이나 음악에 관해서는 손을 쓰지 않고 군자를 기다리겠습니다."라고 답했습니다. 또한 공서화는 "제가 할 수 있다고는 말할 수 없습니다만, 배우기를 원합니다. 종묘의 의식과 제후들의 회맹과 같은 의식을 진행하는 사람이 될 수 있기를 원합니다."라고 말했습니다. 여기서도 역시 자로와 염구는 정치에 자신감을 갖고 있고, 공서화는 외교적 능력을 발휘하고 싶어 했습니다.(「선진」 25장에서는 증점이라는 제자도 함께 대화를 나눴습니다. 공 선생님은 세 제자의 의견보다 증점의 견해를 높이 샀습니다.)

외교적 수완을 발휘하려면 언변이 뛰어나야 합니다. 공서화의 말솜씨를 보여주는 다른 일화가 『논어』 「술이」 33장에 나옵니다. 공 선생님은 "성(聖)과 인(仁)을 내가 어떻게 감당할 수 있겠느냐? 다만 그런 것들을 추구하는 데 싫증 내지 않고, 다른 사람 가르치는 것을 게을리하지 않는다고 말할 수 있을 뿐이다."라고 겸손하게 말했습니다. 이에 공서화는 "바로 그 점이 저희 제자들이 배울 수 없는 것입니다."라고 말했습니다. 선생님에 대해 이보다 더 큰 아부를 할 수 있을까요? 비록 공 선생님은 이런 말재주를 좋아하지 않으셨습니다만.

학생 개개인의 특성에 맞는 '맞춤형 교육'에 대한 관심은 줄곧 높았습니다. 『논어』「선진」 21장에서 자로와 염구는 공 선생님께 같은 질문을 했습니다. "좋은 말을 들으면 곧 실천해야 합니까?" 그런데 공 선생님의 대답이 좀 이상합니다. 자로에게는 '바로 실천하면 안 된다.'라고 하고, 염구에게는 '바로 실천해야 한다.'라고 했습니다. 옆에서 듣던 공서화는 헷갈리기 시작했습니다. 좋은 말을 들으면 바로 실천하라는 것인지, 말라는 것인지, 도대체 알 수가 없습니다.

공 선생님은 "염구는 소극적이니까 바로 행하라고 한 것이고, 자로는 남을 이기려 하니까 물러서게 한 것."이라고 명쾌하게 설명했습니다. 이게 바로 학생 각각의 성향에 알맞은 맞춤형 교육 아닐까요? '맞춤형 교육'하면 떠오르는 교육 키워드가 있습니다. 바로 하워드 가드너가 주장한 '다중지능(Multiple Intelligences)'입니다. 이 장에서는 가드너의 책 『다중지능』을 함께 읽어보겠습니다.

맞춤형 교육의 가능성을 높인 다중지능 이론

120여 년 전 프랑스 파리의 시장은 알프레드 비네에게 어떤 아이들이 학업에 성공할지 (또는 학업에 실패할지) 예측해 주는 도구를 만들어달라고 요청했습니다. 비네는 성공적으로 과제를 수행하여, 1905년 처음으로 지능(IQ, Intelligence Quotient)검사를 고안했습니다. 1914년 독일의 심리학자 윌리엄 슈테른은 정신연령을 실제 나이로 나누어 아이뿐 아니라 일반인의 지능도 평가할 수 있도록 했습니다. 1916년 미국 스탠퍼드대학 루이스 터먼 교수는 이를 발전시켜 '스탠퍼드─비네' 방식을 선보였습니다. 또한 제1차 세계대전 참전을 계기로 미 육군은 스탠퍼드─비네 방식을 응용한 집단 지능검사를 개발했습니다.

IQ에 대한 열광은 지능을 수량화하고 측정할 수 있는 유용한 도구를 제공하기 때문입니다. 이전에는 눈에 띄게 영리한 사람을 평가하는 것이 주관적이고 감각적인 면이 많았습니다. 그러나 IQ 검사는 객관적이고 표준화된 방법을 통해 개인의 지능을 측정할 수 있게 해줍니다. 즉, 정신 능력을 기준으로 모든 개인을 통일된 기준으로 평가할 수 있어, 인간의 지능을 비교하고 연구하는 데 도움을 줍니다.

이렇게 비네의 동료와 후배들은 지능을 간단한 검사에 의해 측정될 수 있는 단일 요인이라고 생각했습니다. 이후 시스톤과 길포드처럼 다중지능적 관점을 수용한 연구자가 없는 것은 아니었지만, 소수에 불과했습니다. 이런 상황 속에서 하워드 가드너는 1983년 『마음의 틀』이라는 책을 통해 IQ에 정면으로 맞서는 다중지능 이론을 처음으로 발표했습니다. 2006년에는 이번 장에서 함께 읽고 있는 『다중지능』을 통해 자신의 이론을 종합하여 정리했습니다.

지능을 구성하는 것이 무엇인지에 관한 판단을 잠시 유보한 채 이러한 새로운 관점에 대해 알아보자. 이를 위해 훌륭한 체스 선수, 세계

적인 바이올리니스트, 챔피언의 재능에 주의를 돌릴 수도 있다. 그들은 각 분야에서 일반인보다 뛰어난 능력을 발휘하는 사람들이다. 그렇다면, 왜 '지능' 검사는 그런 능력을 식별하지 못하는가? 그들의, '지적(intellectual)'이라는 의미와는 다른 그런 뛰어난 능력은 무엇이란 말인가? 왜 오늘날의 지능 개념은 광범위한 영역을 고려하지 못하는가?

가드너는 다중지능 이론을 입증하고 지능의 다양성을 보여주기 위해 철저한 연구를 진행했습니다. 그는 일반인의 발달 자료, 재능 있는 개인의 발달 자료, 뇌 손상이 인지 기능에 미치는 영향 등 다양한 연구를 통해 다중지능의 다양성을 확인하였습니다. 또한 천재, 석학, 자폐아 등 다양한 그룹을 대상으로 한 연구를 통해 이론을 뒷받침했습니다. 최종적으로 그는 8가지 다른 지능을 정리하고 발표했습니다.[4]

1. 음악지능(Musical Intelligence)

   음악 지능은 음악적인 능력과 감각을 포함합니다. 음악 지능을 가진 사람들은 음악을 높게 평가하고, 작곡, 연주, 노래 등 다양한 음악적 활동에서 뛰어난 재능을 보입니다.

   ① 음악적 지각력: 음악을 감상하고 이해하는 능력, 음악의 다양한

---

4   가드너는 실존지능을 아홉 번째 지능이 아니라 '8과 2분의 1' 지능으로 표현했다. 실존지능은 인간 존재의 이유, 삶과 죽음의 문제, 희로애락, 인간의 본성 등 철학적이고 실존적인 사고를 할 수 있는 능력이다.

특징을 식별하는 감각

② 악기 연주 능력: 다양한 악기를 연주하거나 연주하여 음악을 창작하는 능력

③ 작곡 능력: 음악을 작곡하거나 창작하는 능력

④ 리듬 감각: 음악의 리듬을 파악하고, 다양한 리듬을 표현하는 능력

⑤ 음악적 기억: 음악을 기억하고, 음악 조각을 쉽게 기억하는 능력

⑥ 음악적 표현 능력: 감정이나 아이디어를 음악을 통해 표현하는 능력

2. 신체운동지능(Bodily-Kinesthetic Intelligence)

신체운동지능은 몸의 움직임과 관련된 능력입니다. 신체운동지능은 주로 체육활동, 춤, 무용, 스포츠, 레저 활동 등과 관련이 있습니다.

① 운동적 기술 능력: 다양한 운동 기술을 빠르게 습득하고 효과적으로 실행할 수 있는 능력

② 체육활동 참여 및 스포츠 역량: 운동경기나 스포츠에서 타인과 협동하거나 경쟁할 때 발휘하는 능력

③ 공간 인식과 자세 제어: 자신의 위치를 정확하게 파악하고, 몸의 자세와 움직임을 통제하는 능력

④ 자연스러운 몸의 움직임: 운동적으로 민첩하며, 몸을 효과적으로 활용하여 다양한 동작을 수행하는 능력

공자께서 부모에게 말씀하셨다

⑤ 신체적 조율 능력: 몸의 일부를 다른 부분과 조화롭게 움직여 복
  잡한 운동이나 동작을 실행하는 능력

⑥ 자기감각 및 몸감각: 몸의 감각적인 부분을 자각하고, 활동 중에
  몸의 변화를 민감하게 감지하는 능력

3. 논리수학지능(Logical-Mathematical Intelligence)

논리수학지능은 논리적이고 수학적인 사고와 문제 해결 능력을 의
미합니다. 주로 수학, 논리학, 컴퓨터 과학, 공학 등과 관련이 있습
니다.

① 논리적 추론 능력: 추론과 논리적 사고를 통해 문제를 해결하고
  판단하는 능력

② 수학적 논증 능력: 수학적 원리나 규칙에 대한 이해를 바탕으로
  논증하고 문제를 해결하는 능력

③ 문제 해결 능력: 복잡한 문제나 도전적인 상황에서 논리적으로
  해결책을 찾아내는 능력

④ 숫자와 패턴 인식: 숫자나 규칙적인 패턴을 신속하게 파악하고
  이해할 수 있는 능력

⑤ 수리적 사고 능력: 수리적인 문제에 대한 접근과 해결 능력

⑥ 추상적 사고: 개념적이고 추상적인 사고를 통해 문제를 이해하고
  해결하는 능력

⑦ 수학적 창의성: 수학적인 영역에서 창의적인 아이디어를 도출하
  고 새로운 해결책을 찾는 능력

⑧ 논리적 의사소통 능력: 논리적으로 사고하고 이를 효과적으로 표현하는 능력

4. 언어지능(Linguistic Intelligence)

언어지능은 언어와 관련된 다양한 능력을 포괄합니다. 언어지능을 가진 사람들은 언어적인 활동에서 뛰어난 성과를 보이며, 다양한 형태의 언어적 활동에 능통합니다.

① 언어 이해 능력: 언어의 문법, 구조, 의미를 이해하고 해석하는 능력

② 언어 사용 능력: 정확하고 효과적인 언어 사용이 가능하며, 다양한 매체를 활용하여 의사소통하는 능력

③ 문학적 표현과 창작 능력: 언어를 사용하여 문학적인 작품을 읽고 창작할 수 있는 능력

④ 언어적 의사소통 능력: 상황에 맞게 적절한 언어를 사용하여 다양한 사람들과 효과적으로 의사소통하는 능력

⑤ 언어적 기억력: 언어적인 정보를 기억하고 재현하는 능력

⑥ 언어적 문제 해결 능력: 언어적인 측면에서 발생하는 문제를 해결하고 해석할 수 있는 능력

⑦ 외국어 학습 능력: 다양한 언어를 학습하고 구사할 수 있는 능력

⑧ 언어적 창의성: 언어를 창의적으로 활용하여 새로운 아이디어를 도출하고 표현할 수 있는 능력

5. 공간지능(Spatial Intelligence)

공간지능은 공간적인 정보를 인식하고 활용하는 능력을 포함합니다. 이러한 능력은 그림, 도면, 지도를 이해하고 활용하는 데 도움이 되며, 예술, 디자인, 건축, 항공 및 해양 탐험 등 다양한 분야에서 중요합니다.

① 공간적 지각 능력: 주변의 공간적인 특징과 개체들을 정확하게 인식하고 이해하는 능력

② 공간적 상상 능력: 비어 있는 공간이나 물체의 배열 등을 상상하고 그림으로 표현하는 능력

③ 지도 읽기 능력: 지도와 같은 공간적 정보를 읽고 해독하는 능력

④ 지리적 지식: 지리적인 정보를 이해하고 활용하는 능력

⑤ 배치와 조직 능력: 공간 내에서 물체를 배치하고 조직화하는 능력

⑥ 공간적 문제 해결 능력: 다양한 상황에서 발생하는 공간적인 문제를 해결하는 능력

⑦ 미적 감각: 아름다운 디자인, 예술 작품 등의 공간적인 특징을 감지하고 평가하는 감각

⑧ 공간적 창의성: 새로운 아이디어나 디자인을 창조하는 데 공간적 창의성을 발휘하는 능력

6. 인간친화지능(Interpersonal Intelligence)

인간친화지능은 사람들 간의 대인관계 형성과 이해에 관련된 지능입

니다. 이 지능은 감정적인 상태를 인식하고 다양한 사회적 상황에서 효과적으로 상호작용하는 데 필요한 능력을 포함합니다. 대인관계 지능을 가진 사람들은 타인의 감정을 이해하고 존중하며, 원활한 의 사소통과 협력이 가능합니다. 대인관계지능은 주로 사회적 상호작 용, 리더십, 감정적 지능 등과 관련이 있습니다. 이는 일상생활에서 친구, 가족, 동료, 직장 상사와의 관계에서 중요한 역할을 합니다.

7. 자기성찰지능(Intrapersonal Intelligence)

자기성찰지능은 자기 자신을 이해하고 내적으로 탐구하며 자아 인 식을 강화하는 데 관련된 능력입니다. 이 지능은 감정, 목표, 가치, 강점, 약점 등에 대한 인식과 이해를 포함합니다. 자기성찰지능을 가진 사람들은 내면의 세계를 탐험하고 자기 인식을 발전시키는 데 중점을 둡니다. 자기성찰지능은 다양한 방면에서 나타납니다. 명 상, 일기 쓰기, 감정 표현, 자기분석, 내적 동기부여 등이 이에 해당 합니다. 이러한 활동을 통해 개인은 자신의 감정을 이해하고, 자아 인식을 향상시키며, 인생의 목표를 명확히 하는 등의 과정을 거칩니 다. 가드너는 지능의 인지적 측면뿐만 아니라 내적 세계를 이해하고 발전시키는 능력을 중시했습니다.

8. 자연친화지능(Naturalist Intelligence)

자연친화지능은 자연과의 상호작용, 동물, 식물, 자연적인 패턴 및 현상에 대한 민감성을 나타냅니다. 이러한 지능을 가진 사람들은 주변의 자연적인 환경을 관찰하고 이해하며, 동식물 및 환경적인 변화에 관심을 가집니다. 자연친화지능은 다양한 형태로 나타납니다. 자연에 대한 예술적 표현, 환경 보호와 관련된 활동, 생태학적 관찰, 야외 활동 및 스포츠 등이 이에 해당합니다. 이러한 활동을 통해 자연친화지능을 가진 개인은 주변 환경에 대한 민감성을 향상시키고, 자연 현상을 깊이 이해하며, 환경적인 문제에 대한 해결책을 모색합니다.

이제 다중지능 이론을 이해할 때, 주의해야 할 점을 3가지 측면에서 살펴보겠습니다. 첫째, '지능'과 '영역(또는 분야)'의 문제입니다. 지능과 영역에 같은 명칭을 사용하면 혼란이 생깁니다. 음악지능과 음악 영역이 있고, 논리수학지능과 논리, 수학, 과학 영역이 있다는 식입니다. 하지만 지능과 영역 사이에는 일대일의 대응 관계가 성립하지 않습니다. 음악과 같은 영역은 몇 가지 지능과 관련이 있습니다. 예를 들어, 피아노에 숙련된 사람을 분석한 결과 8가지 지능 중 6가지를 확인했습니다.

둘째, 지능 프로파일 문제입니다. 이를 크게 나누면, 레이저형 지능 프로파일과 서치라이트형 지능 프로파일로 구분합니다. 레이저형 프로파일을 가진 사람은 프로파일에 현저한 강점이 나타납니다. 이 강점은 한 2가지의 지능을 의미합니다. 예를 들어, 모차르트는 음악지능이 두드러진 레이저형 프로파일을 지니고 있고, 아인슈타인은 논리수학지능과 공간지능이 강점을 이룹니다. 반대로 서치라이트형 프로파일은 단일 영역이 아닌 3가지 이상의 영역에서 강점이 균일하게 나타납니다. 레이저형 프로파일은 주로 예술가, 과학자, 학자, 발명가 사이에서 발견되는 반면, 서치라이트형 프로파일은 정치가나 사업가에게서 발견됩니다.

마지막으로 각 지능의 독립성 및 통합성 문제입니다. 다중지능의 각 지능은 어느 정도 독립적입니다. 지능의 독립성은 한 가지 지능이 특별히 높다고 해서 다른 지능도 반드시 높은 것은 아니라는 뜻입니다. 이러한 지능의 독립성은 개별 영역의 점수 사이에 높은 상관관계를 보여주는 전통적인 IQ 검사와는 상반됩니다. 또한 각 지능은 통합적으로 기능합니다. 예를 들면, 바이올린 연주에도 음악지능을 초월한 복합적인 지능이 요구됩니다. 성공적인 바이올리니스트가 되기 위해서는 신체운동적 민첩성과 청중을 다루는 대인관계 기술이 필요하고, 자기성찰지능이 요구될 수도 있습니다.

전통적인 IQ 검사를 넘어 다중지능 이론을 받아들이면, 아이들의 개인차를 고려한 맞춤형 교육을 고민할 수 있습니다. 아이들이 모두 똑같은 방식으로 배우고 평가받을 필요가 없습니다. 다만 다중지능 이론의 취지를 잘못 받아들여, 모든 지능에서 뛰어난 성과를 올리도록 아이를 압박해서는 안 됩니다.

※ 『논어』의 다른 구절을 읽고, '맞춤형 교육'에 대해 생각하고 이야기
나눠 봅시다.(공 선생님은 '인'에 관해 묻는 제자에 따라 다르게 대답하
고 있습니다.)

─────────────────────────

안연이 인(仁)에 대해 여쭈었다. 공자께서 말씀하셨다. "자기를 이겨내
고 예로 돌아가는 것이 인이다. 하루라도 자기를 이겨내고 예로 돌아가
면, 천하가 인에 돌아갈 것이다. 인을 실천하는 것은 자기로부터 말미암
는 것이다. (어찌) 다른 사람으로부터 말미암는 것이겠는가?"

顔淵問仁. 子曰 "克己復禮爲仁. 一日克己復禮, 天下歸仁焉.
 안연문인. 자왈 "극기복례위인.   일일극기복례,   천하귀인언.

爲仁由己, 而由人乎哉?"
 위인유기,   이유인호재?"

『논어』 「안연」 1장

사마우가 인(仁)에 대해 여쭈었다. 공자께서 말씀하셨다. "인한 사람은
말하는 것을 조심한다."

司馬牛問仁. 子曰 "仁者, 其言也訒."
사마우문인. 자왈 "인자, 기언야인."

번지가 인(仁)에 대해 여쭈었다. 공자께서 말씀하셨다. "사람을 사랑하
는 것이다."

樊遲問仁. 子曰 "愛人."
번지문인. 자왈 "애인."

『논어』 「안연」 22장

118   공자께서 부모에게 말씀하셨다

2부

논어 속 인물을 살피며
자녀 교육의 길을 생각한다

저게 저절로 붉어질 리는 없다
저 안에 태풍 몇 개
저 안에 천둥 몇 개
저 안에 벼락 몇 개

저게 저 혼자 둥글어질 리는 없다
저 안에 무서리 내리는 몇 밤
저 안에 땡볕 두어 달
저 안에 초승달 몇 날

– 장석주의 「대추 한 알」 중에서

9장

당신의 자녀는
이타적입니까?

"내가 현 세대에게 줄 수 있는 가장 현실적이고 훌륭한 조언은
사랑의 미덕을 실천하라는 것이다."

- 버트런드 러셀

자공이 여쭈었다. "만약 백성들에게 널리 은덕을 베풀어 많은 사람을 구제할 수 있다면 어떻습니까? (그를) 인(仁)하다고 말할 수 있습니까?" 공자께서 말씀하셨다. "어찌 인한 데서 그칠 일이겠느냐, 반드시 성인의 경지라고 할 것이다. 요임금이나 순임금조차도 그렇게 하지 못하는 것을 걱정하셨다. 인(仁)이란 것은 자기가 서고자 할 때 남부터 서게 하고, 자신이 뜻을 이루고 싶을 때 남부터 뜻을 이루게 해주는 것이다. 자신이 원하는 걸 미루어서 남이 원하는 걸 이해하는 것이 바로 인(仁)의 실천 방법이다."

子貢問 "如有博施於民而能濟衆, 何如? 可謂仁乎?"
자공문 "여유박시어민이능제중, 하여? 가위인호?"

子曰 "何事於仁, 必也聖乎. 堯舜其猶病諸. 夫仁者, 己欲立而立人,
자왈 "하사어인, 필야성호. 요순기유병저. 부인자, 기욕립이립인,

己欲達而達人, 能近取譬, 可謂仁之方也已."
기욕달이달인, 능근취비, 가위인지방야이."

『논어』 「옹야」 28장

공자께서 부모에게 말씀하셨다

성군(聖君)의 대명사, 요순

다음 글은 『조선왕조실록』에서 발췌한 것입니다. 한 임금이 세상을 떠났고, 사관이 그에 대해 평한 내용 중 일부입니다. 조선 시대 어느 왕일까요?

임금이 영웅대군 집 동별궁에서 훙(薨)하였다. 임금은 슬기롭고 도리에 밝으매, 마음이 밝고 뛰어나게 지혜롭고, 인자하고 효성이 지극하며, 지혜롭고 용감하게 결단하며, 합(閤)에 있을 때부터 배우기를 좋아하되 게으르지 않아, 손에서 책이 떠나지 않았다. ⋯ 인륜에 밝았고 모든 사물에 자상하니, 남쪽과 북녘이 복종하여 나라 안이 편안하여, 백성이 살아가기를 즐겨한 지 무릇 30여 년이다. 거룩한 덕이 높고 높으매, 사람들이 이름을 짓지 못하여 당시에 해동요순(海東堯舜)이라 불렀다.

"사람들이 이름을 짓지 못하여 당시에 '해동요순(海東堯舜)'이라 불렀다."라고 했는데, 정답은 바로 세종입니다. '해동(海東)'은 조선을 뜻합니다. 그럼 '요순(堯舜)'은 도대체 누구길래, 우리나라 최고의 성군 세종대왕을 요순에 비유했을까요?

요임금과 순임금에 대해 알아보기 전에 먼저 중국의 창세 신화에 대해 살펴보겠습니다. 하늘과 땅이 나누어지지 않아 한 덩어리의 혼돈 상태로 있던 아주 먼 옛날, 반고(盤古)는 1만 8천 년 동안 혼돈 속에서 살다가 도끼를 휘둘러 이 카오스 양상을 깨뜨렸습니다. 그러자 가볍고 맑은 기운은 하늘이 되고 어둡고 탁한 기운은 땅이 되었습니다. 반고는 또 다른 1만 8천 년 동안 하늘과 땅이 붙지 않고 점점 더 멀어지도록 지탱했습니다. 그러다가 반고가 죽을 때 그의 몸이 바람, 구름, 태양, 달, 나무, 돌 등으로 변해 천지가 창조되었습니다.

그 후 중국 땅에는 전설 속의 삼황오제(三皇五帝)가 등장합니다.(중원을 처음으로 통일한 진시황은 '삼황오제'에서 '황제(皇帝)'의 칭호를 따왔습니다.) 먼저 삼황은 복희(伏羲), 여와(女媧)[5], 신농(神農)입니다. 복희는 사람들에게 처음으로 사냥법과 불을 사용하는 법을 가르쳤습니다. 여와는 여신으로 인간을 창조했습니다. 신농은 농업신으로 사람들에게 처음으로 농경을 가르쳐 떠돌이 채집 생활에서 벗어나게 했습니다.

다음으로 오제[6]는 황제(黃帝), 전욱(顓頊), 제곡(帝嚳), 제요(帝堯), 제순(帝舜)입니다.(마지막 제요와 제순이 요임금과 순임금입니다.) 사마천의 『사기본기』는 바로 이 「오제본기」부터 시작합니다. 신농의 세력이 약해지자, 황제는 방패와 창을 쓰는 법을 익혀서 제후들을 복종시켰습니다. 특히 판천의 들판에서 염제를 무너뜨리고, 치우의 난을 평정하자 제

5　사료에 따라 여와 대신 공공(共工), 축융(祝融), 수인(燧人)을 꼽기도 함.
6　오제에 관하여 (복희, 신농, 황제, 요, 순), (태호, 염제, 황제, 소호, 전욱), (소호, 전욱, 제곡, 요, 순)으로 보는 등의 여러 가지 이설이 있음.

후들이 황제를 천자로 삼았습니다. 전욱은 황제의 손자이며, 지모가 있어 온갖 것에 두루 능통하고 요령이 있었습니다. 제곡은 황제의 증손인데, 태어나면서 자기 이름을 말할 정도였습니다. 널리 베풀어 만물을 이롭게 하면서도 자신은 돌보지 않았습니다.

앞서 세종대왕을 '요순'에 비유했다고 했습니다. 사실 세종뿐만 아니라 어느 시대든 태평성대를 이루면 '요순시대'라고 했을 정도로 동양에서는 요순이 성군의 대명사입니다.(이순신 장군의 '순'도 순임금에서 따온 것이고, 큰형 희신은 복희에서 따왔습니다. 둘째 형 요신은 요임금, 동생 우신은 우임금에서 따왔습니다.) 이제 요임금과 순임금에 대하여 사마천의『사기본기』를 중심으로 알아보겠습니다.

요임금은 제곡의 아들이었으며, 70년 동안 임금 자리에 있다가 순임금이 덕이 있음을 알고 왕위를 물려주었습니다. 요임금의 인자함은 하늘과 같았고, 그의 지혜는 신과 같았습니다. 부유하면서도 교만하지 않았고, 고귀하면서도 태만하지 않았습니다. 온 나라가 화합하도록 했고, 일 년을 삼백육십일로 정했으며 윤달로 사계절의 오차를 바로잡았습니다. 요임금은 원래 허유(許由)에게 임금의 자리를 물려주려고 했습니다. 허유는 이 말을 듣고 기산 아래로 도망쳐 못 들을 말을 들었다며 강물에 귀를 씻었습니다. 그의 친구는 더러운 귀를 씻은 물을 말에게 먹일 수 없다며 상류 쪽으로 말을 몰고 갔다는 고사가 유명합니다.

순임금은 전욱의 6대손이었는데, 순의 아버지 고수는 맹인이었습니다. 순의 어머니가 죽자, 고수는 다시 아내를 얻었습니다. 그는 후처의 자식을 편애했습니다. 편애한 정도가 아니라 고수는 항상 순을 죽이려 했기 때문에 순은 이를 피해 도망 다녀야 했습니다. 하지만 순은 아버지와 계모, 동생을 순종하며 섬겼습니다. 더불어 날마다 독실하고 성실하게 살았으며 조금도 게으름을 피우지 않았습니다.

이렇게 순은 스무 살 때 효행으로 이름을 날렸고, 서른 살에는 요임금에게 등용되었습니다. 쉰 살에는 천자의 정사를 대신 맡았습니다. 요임금이 죽자, 순은 예순한 살에 요를 이어 제위에 올랐습니다. 순임금은 도량형과 법률을 통일하여 백성들이 똑같이 지키도록 했고, 오례를 닦아 밝혔습니다. 그리고 물을 다스리는 데 공이 컸던 우임금에게 왕위를 물려줬습니다.

이런 요순을 공 선생님 또한 칭송해 마지않았습니다. 『논어』 「태백」 18장에서 공 선생님은 "높고도 높구나! 순임금과 우임금께서는 천하를 가지고서도 (그것을) 누리지 않으셨다."라고 말했습니다. 「태백」 19장에서는 "위대하도다, 요의 군주 됨됨이여. 높고도 높고다! 오직 하늘이 위대한데, 요임금만이 그것을 본받았다."라고 극찬했습니다.

앞서 소개한 『논어』 「옹야」 28장에서 공 선생님은 요임금과 순임금을 예로 들어 '인(仁)'을 설명하고 있습니다. '인(仁)'은 공 선생님의 핵심적인 가르침 중 하나입니다. 한 마디로 규정하기는 힘들지만, 『논어』 「옹야」 28 장에서는 '입인(立人), 달인(達人)'으로, 「헌문」 42장에서는 '안인(安人)'으로 설명하고 있습니다. 나아가 「안연」 22장에서는 '애인(愛人)', 즉 '사람을 사랑하는 것이다.'라고 '인(仁)'의 개념을 명쾌하게 밝혔습니다. 이번 장에서는 '이타심'에 대해 생각하며, 마티유 리카르의 『이타심』을 함께 읽어보겠습니다.

이타심도 기를 수 있다

마티유 리카르의 『이타심』은 '이타심'이라는 주제에 대해 생각해 볼 수 있는 거의 모든 내용을 담고 있습니다. 먼저 이타심의 개념을 파악하는 것부터 시작해서, 이타심이 정말 존재하는지, 사람이 이타적으로 변할 수 있는지를 다룹니다. 나아가 어떻게 하면 좀 더 이타적인 사회, 좀 더 나은 세상을 만들 수 있는지에 대한 저자의 고민을 담았습니다.

국립국어원 우리말샘에 이타심(利他心)은 '자기의 이익보다는 다른 사람의 이익을 더 꾀하는 마음'이라고 정의되어 있습니다. '다른, 다른 사람'을 뜻하는 라틴어 단어 alter에서 파생된 '이타심(altrusim)'이라는 말은 사회학의 아버지인 오귀스트 콩트가 19세기에 처음으로 사용했습니다. 콩트는 이타심을 "이기적인 욕망과 자기중심주의가 배제된 상태로 남들이 행복한 삶을 영위하도록 헌신하며 사는 것."이라고 생각했습니다.

이타심을 연구하는 학자 중 일부는 동기가 실제 행동으로 나타나는 것을 중시합니다. 어바인대학교 교수 크리스틴 먼로는 『이타심의 본질』에서 대가를 기대하지 않고 다른 사람들의 행복을 증진하기 위해 위험을 감수하며 수행한 행동에만 '이타심'이라는 용어를 적용해야 한다고 주장했습니다. 먼로는 이타심에는 좋은 의도가 반드시 필요하지만, 그 자체로는 충분하지 않다고 강조했습니다. 이타심은 특정 행동이 동반되어야 하며, 타인의 행복한 삶에 기여해야 한다고 설명했습니다. (물론 행동의 결과보다 동기가 더 중요하다는 점은 인정했습니다.)

반대로, 이타심과 이타적인 행동에서 결정적인 역할을 하는 것은 동기라고 생각하는 학자도 있습니다. 캔자스대학교 심리학자 대니얼 뱃슨은 "이타심은 다른 사람의 행복 증진을 궁극적 목표로 삼는 동기부여 상태"라고 말했습니다. 그는 궁극적인 목표로서의 이타심[7]과 수단으로서의 이타심[8]을 분명하게 구분했습니다. 뱃슨의 견해에 따르면 동기가 이타적이려면, 다른 사람들의 행복 도모 자체를 목표로 삼아야 합니다.

『이타심』의 저자 마티유 리카르는 이타심이라는 용어를 겉으로 드러나는 행동에만 국한시키는 것은 적절하지 않다고 주장했습니다. 외부적인 행동만으로는 그 행동을 유발한 동기를 명확히 알 수 없기 때문입니다. 리카르는 이타심을 이루는 2가지 핵심 요소를 다른 사람을 소중히 여기

---

7 남의 행복을 도모하는 것이 나의 명백한 목표임.
8 내가 행복한 삶을 영위하기 위해 다른 사람의 행복을 도모함.

고, 그들의 처지에 관심을 가지는 것으로 설명합니다. 이런 태도가 몸에 배면, 관심 영역에 있는 사람에게 보살핌을 베풉니다. 나아가 언제든지 기꺼이 다른 사람을 돌보며 개방적이고 유연한 자세를 보입니다.

그럼, 이타심은 정말 존재할까요? 한 가지 실험 결과를 살펴보겠습니다. 해당 실험에서 참가자들은 수잔이라는 여성의 목소리를 듣습니다. 수잔은 집중력 테스트를 받고 있는데, 실수하면 전기 충격이 가해진다고 말합니다. 그리고 전기 충격이 꽤 아프다고 이야기하면서, 실험 참가자들에게 공감의 감정을 일으킵니다. 이후 참가자들은 과제를 올바르게 수행하면 수잔이 틀렸을 때 받을 전기 충격을 줄이는 기회를 받습니다. 실험은 참가자들의 공감 정도를 측정하기 위한 설문 조사도 포함하고 있습니다.

이어서 참가자들에게 실험자가 수잔이 틀릴 때 전기 충격을 가하지 않고 단순히 실수를 지적할 것이라고 말합니다. 실험 결과, 진정한 이타주의자들(수잔에게 가장 큰 공감을 표시한 사람들)은 자신의 노력으로 인해 전기 충격이 줄었을 때나 실험자가 수잔에게 전기 충격을 가하지 않기로 했을 때나 똑같이 만족감을 나타냈습니다. 이로써 이타주의자들이 만족감을 느끼는 원인은 자신이 수잔의 고통을 덜어준 것이 아니라, 수잔이 고통을 받지 않는다는 사실에서 비롯된 것임을 알 수 있습니다.

대니얼 뱃슨은 18년 동안 진행된 31개의 사회심리학 연구를 종합하여 타인의 이익과 행복을 위해 헌신하는 진정한 이타심이 명백히 존재한다는 사실을 확인했습니다. 아울러 이기주의적 입장으로 설명하는 내용 중 타당한 것이 없다고 말했습니다. 이처럼 그는 진정한 이타심의 존재를 긍정적으로 평가했습니다.

서구 문명에서 큰 논란 중 하나는 인간 본성에 대한 것입니다. 루소는 인간이 원래 선하게 태어나며, 상호 협력을 통해 얼마든지 좋은 삶을 살 수 있다고 주장했습니다. 그에 비해 홉스는 인간은 태어날 때부터 이기적이며, 서로 도울 생각조차 하지 못하므로 사회가 인간다운 행동을 가르쳐야 한다고 주장했습니다. 물론 동양에서도 맹자의 성선설과 순자의 성악설이 대립했습니다.

막스 플랑크 연구소에서 마이클 토마셀로와 펠릭스 바르네켄 연구팀이 수행한 최신 연구에 따르면, 어린 유아들은 보상이 없어도 다른 사람을 돕는 경향이 있습니다. 실험에서 18개월 미만의 유아들은 빨래집게를 떨어뜨리고 고생하는 실험자에게 거의 모두 빨래집게를 주워 주었습니다. 이러한 반응이 나타난 평균 시간은 5초로, 성인의 반응과 유사했습니다. 실험자가 팔에 책을 잔뜩 들고 문 앞에서 막막해할 때도 아이들은 달려와 문을 열어 주었습니다.

마이클 토마셀로는 아이들이 협력하고 남을 돕는 행동이 자연스럽게 나타나는 것이라고 주장했습니다. 그의 주장을 뒷받침하는 이유는 다음과 같습니다.

1. 아이들의 협력적이고 도움을 주는 행동은 매우 일찍부터 나타난다. 이러한 행동은 생후 14개월에서 16개월 사이에 나타나는데, 이는 부모가 사회성의 규범을 가르치기 훨씬 전이다.
2. 이러한 행동은 외부 압력에 의해 결정되지 않는다. 서로 다른 문화에서도 유사한 연령대에서 비슷한 행동이 관찰되므로, 아이들이 남을 돕는 것은 타고난 성향이며 문화나 부모의 개입에 의한 결과가 아니다.
3. 유인원들도 유사한 행동을 보인다. 이는 이타적 협력 행동이 인간에게 갑자기 나타난 현상이 아니라는 점을 보여준다. 사람의 본성에는 같은 종에 속하는 동료에 대한 관심과 배려가 깊이 자리 잡고 있다.

이러한 주장을 확인시켜 주는 최신 연구 결과도 있습니다. 밴쿠버의 심리학자 라라 애크닌, 킬리 햄린, 엘리자베스 던은 실험을 통해 두 살짜리 아이들이 사탕을 받을 때보다 남에게 사탕을 줄 때 더 행복해한다는 것을 확인했습니다.

자기애(나르시시즘 또는 자아 도취)는 이타심의 대척점으로 간주됩니다. 심리학에서는 자기애를 '모든 것을 과장하여 생각하는 경향, 남들의 인정을 받고 우러러보기를 간절히 바라는 욕구, 공감 능력의 부족'으로 정의합니다. 이와 관련하여 마티유 리카르는 최근 북미 교육을 다음과 같이 묘사했습니다.

특히 북아메리카 지역에서 어떤 어머니는 아들이 불행해진다는 이유로 숙제를 면제해 주기도 했다. 또 다른 어머니는 열 살짜리 아들에게 학교에 가고 싶은지 여부를 스스로 결정하게 하기도 했다.

학교들도 아이들의 감수성을 배려하고 자존심을 지키기 위해 많은 노력을 기울이고 있다. 몇몇 학교는 낙제점인 F학점을 완전히 없애기도 했다. … 더 나아가 '모든 사람의 의견을 존중해야 한다.'라며 교사의 의견과 평가에 대해 반론을 제시하는 학생들도 증가하고 있다.

어떻습니까? 최근 우리나라 교육의 모습과 비슷하지 않습니까? 이를 해결하기 위해 부모는 어떻게 해야 할까요? 프랑스 심리학자 자크 르콩트는 단호함에 대해 이렇게 말합니다. "부모가 무엇을 바라는지 확실하게 정보를 주면서 아이가 자율성을 유지하도록 이끌어 주는 것이다. 단순한 지원만으로는 효과가 떨어질 수 있으며, 특히 아이가 거부의 의사를 밝힌 경우는 더욱 그렇다."

부모가 아이의 선의에 호소하면서 이치만 따진다면, 아이는 자신에게 결정권이 있다고 생각합니다. 또한 마음대로 행동할 수 있다고 오해합니다. 따라서 르콩트는 "규율과 사랑을 적절히 조합한 부모의 교육 스타일이 효과적이다. 그런 아이는 균형 있는 성품으로 주변 사람들과 원만한 관계를 유지하면서 학업 성적도 더 좋아질 것."이라고 말했습니다. 사랑과 함께 훈육의 중요성을 강조한 것입니다.

지금까지 이타심의 개념, 진정한 이타심이 존재하는지, 이타심은 타고나는 것인지 등에 대해 알아보았습니다. 무엇보다 자녀들의 이타심을 기를 수 있다는 점이 중요합니다. 자크 르콩트는 아동의 이타적인 행동을 촉진할 수 있는 4가지 부모의 태도를 다음과 같이 정리했습니다.

1. **아이에게 사랑과 애정을 표현한다.**
2. **이타적인 행동을 통해 아이에게 모범을 보인다.**
3. **아이가 한 행동이 다른 사람에게 미치는 영향을 설명한다.**
4. **아이에게 남에게 도움이 되는 기회를 제공한다.**

부모가 일상에서 모범을 보이는 것이 다른 어떤 도덕적 가르침보다 더 효과적입니다. 부모가 자원봉사 활동을 하면, 자녀도 부모의 나이가 되었을 때 같은 행동을 할 가능성이 훨씬 높다는 것이 수많은 연구를 통해 확인되었습니다. 너그러운 마음도 남을 돕는 습관처럼 한 세대에서 다음 세대로 전달되며, 반대로 이기적인 삶을 살아가는 부모는 아이들을 이기주의자로 키울 가능성이 높습니다.

※ 『논어』의 다른 구절을 읽고, '이타심'에 대해 생각하고 이야기 나눠
봅시다.

─────────────────────────────

공자께서 말씀하셨다. "오직 인(仁)한 사람만이 남을 좋아할 수도 있고,
남을 미워할 수도 있다."

子曰 "唯仁者, 能好人, 能惡人."
자왈 "유인자, 능호인, 능오인."

『논어』 「이인」 3장

공자께서 말씀하셨다. "진실로 인(仁)에 뜻을 두면 나쁜 짓을 하지 않는
다."

子曰 "苟志於仁矣, 無惡也."
자왈 "구지어인의, 무악야."

『논어』 「이인」 4장

10장

당신의 자녀는
감사할 줄 압니까?

"지금 이대로에 감사하자.
그리고 우리 인간이 해결할 수 없는 문제는
하늘에 맡기는 것이다."

- 윌리엄 셰익스피어 『두 귀족 친척』

염유가 말했다. "선생님께서 위나라 임금을 위해 (벼슬을) 하실까요?"

자공이 말했다. "좋습니다. 제가 여쭤보도록 하지요."

그는 들어가서 여쭈었다. "백이와 숙제는 어떤 사람입니까?"

(공자께서) 말씀하셨다. "옛날의 현인이시다."

"세상을 원망했습니까?"

(공자께서) 말씀하셨다. "인(仁)을 추구하여 인(仁)을 얻었는데, 또 무엇을 원망했겠느냐?"

(자공이) 나와서 말했다. "선생님께서는 (위나라 임금을 위해 벼슬)하지 않으실 것입니다."

冉有曰 "夫子爲衛君乎?"　　子貢曰 "諾. 吾將問之."
염유 왈 "부자위위군호?"　　자공 왈 "낙. 오장문지."

入, 曰 "伯夷叔齊何人也?"　　曰 "古之賢人也."
입, 왈 "백이숙제하인야?"　　왈 "고지현인야."

曰 "怨乎?"　　　　曰 "求仁而得仁, 又何怨?"
왈 "원호?"　　　　왈 "구인이득인, 우하원?"

出, 曰 "夫子不爲也."
출, 왈 "부자불위야."

『논어』 「술이」 14장

공자께서 부모에게 말씀하셨다

백이와 숙제, 왕위를 양보하다

『논어』「술이」14장에서 공 선생님께서 위나라 임금을 위해 일하실지 염유가 궁금해하자, 자공은 백이(伯夷)와 숙제(叔齊)에 대해 공 선생님께 여쭙고 있습니다. 자공은 왜 백이와 숙제가 원망했는지 궁금해했을까요? 그리고 공 선생님의 대답을 듣고, 어떻게 공 선생님이 위나라 임금을 위해 벼슬하지 않을 거라고 확신했을까요?

이 장에 나오는 위나라 임금은 출공(出公)입니다. 출공은 위나라 영공(靈公)의 손자이자 태자 괴외(蒯聵)의 아들입니다. 괴외가 영공의 부인 남자(南子)에게 죄를 지어 도망간 사이에 영공이 죽자, 출공이 아버지 대신 위나라의 임금이 되었습니다. 이에 괴외가 다시 위나라로 돌아와 임금 자리를 차지하려고 하면서 부자지간에 왕위를 다툽니다. 왕의 자리를 서로 양보했던 백이, 숙제와는 서로 대조되는 상황이었습니다. 그래서 자공은 백이, 숙제에 대한 공 선생님의 태도를 보고, 출공을 위해 일하지 않을 거라고 확신했습니다. 그럼, 백이와 숙제가 어떤 인물인지 알아보겠습니다.

백이와 숙제는 고죽국(孤竹國)의 7대 군주였던 아미(亞微)의 아들들이었습니다. 백이가 첫째이고, 숙제는 셋째였습니다. 그런데 아미는 군주의 자리를 백이가 아니라 숙제에게 물려주고 싶었습니다. 이윽고 아미가 죽자, 백이는 '아버지의 명령'이라면서 왕위를 포기하고 달아났습니다.

숙제 또한 '형제의 의리와 예법'에 맞지 않는다며 군주 자리를 거절하고 떠났습니다. 고죽국 사람들은 어쩔 수 없이 둘째 아들 아빙을 왕으로 모셨습니다.

 백이와 숙제는 서백창(西伯昌, 주나라 문왕)이 노인을 잘 모신다는 이야기를 듣고 몸을 의탁하려고 했습니다. 하지만 이들 형제가 주나라에 도착했을 때, 이미 서백창은 죽었습니다. 서백창의 아들인 주 무왕은 은나라 주왕을 정벌하려고 했습니다. 백이와 숙제는 무왕의 수레를 막아선 채, 아버지 장례도 치르지 않은 채 전쟁을 일으키는 것과 신하 신분으로 군주를 죽이려 하는 것은 부당하다고 지적했습니다. 무왕의 군사들이 백이, 숙제를 해치려 했지만, 강태공(姜太公)이 '이들은 의로운 사람들'이라며 형제를 구했습니다.

 마침내 주 무왕이 은나라를 멸망시키자, 백이와 숙제는 이를 부끄럽게 여겼습니다. 형제는 주나라 곡식을 먹지 않고, 수양산으로 들어가 고사리를 뜯어 먹다가 굶어 죽었습니다. 사마천은 『사기열전』에서 "백이와 숙제가 비록 어질기는 했지만, 공자의 칭찬이 있고 나서부터 그 명성이 더욱더 드러나게 되었다."라고 이야기했습니다.

 공 선생님은 『논어』 「계씨」 12장에서 "제나라 경공은 말 4천 필을 갖고 있었는데, 그가 죽던 날 백성들이 그의 덕에 대해 칭송하는 자가 없었다. 백이와 숙제는 수양산 아래에서 굶어 죽었지만, 백성들은 오늘에 이르기까지 그들을 칭송하고 있다."라고 했습니다. 「미자」8장에서는 "자기의 뜻을 굽히지 않고 자기의 몸을 욕되게 하지 않은 사람은 백이와 숙제일 것이다."라며 두 형제를 높이 평가했습니다. 또한 공 선생님은 「술이」14 장에서 백이와 숙제가 원망하는 삶을 살지 않았다고 강조했습니다. 이번 장에서는 원망이 아닌, 감사하는 삶을 생각하며 제러미 애덤 스미스 등 이 쓴 『감사의 재발견』을 함께 읽어보겠습니다.

감사하는 자녀로 키우는 법

『감사의 재발견』은 감사하는 태도에 대한 긍정적인 시각을 제시하는 책입니다. 또한 감사하는 사람들의 목적의식과 성취동기가 더 높다고 주 장합니다. 이 책의 저자들은 감사하는 태도가 특정 상황에서의 체념이 나 포기가 아니라, 오히려 목표를 달성하는 원동력이 될 수 있다고 말합 니다. 그럼 『감사의 재발견』의 저자들은 '감사'에 대해 어떻게 설명했는지 알아보겠습니다.

먼저 저자들은 감사의 중요성을 이해하는 사람이 성공 기회를 더 많이 얻을 수 있다고 주장합니다. 캘리포니아대학교 데이비스 캠퍼스 심리학 과 교수 로버트 에먼스와 동료 연구자들은 참가자들에게 10주 동안 이루 고 싶은 6가지 개인 목표(학업, 영적 성장, 사회적 활동, 건강 등)를 설정 하도록 요청했습니다. 참가자들은 임의로 두 그룹으로 나뉘었는데, 한 그룹은 매주 한 번 감사 일기를 작성하면서 5가지 감사할 대상을 나열했습니다. 연구 결과, 감사 일기를 작성한 그룹은 감사 일기를 작성하지 않은 그룹보다 목표를 달성하기 위해 더 많이 노력을 기울였습니다. 또한 감사 일기를 작성한 그룹의 목표 달성률은 그렇지 않은 그룹보다 20% 더 높았습니다. 게다가 연구자들은 감사 일기를 작성한 그룹이 실험 후에도 목표를 달성하기 위해 계속 노력했다고 보고했습니다.

로버트 에먼스 교수는 감사를 다음과 같이 설명합니다. "감사는 받은 혜택을 고려하고, 그 혜택을 자신이 아닌 타인의 공헌으로 인식하는 행동입니다." 이 정의에 따르면 감사는 2가지 핵심 요소로 구성되어 있습니다. 첫 번째로, 세상에는 우리에게 이로운 좋은 것들이 존재한다는 인식입니다. 감사의 순간에 우리는 선물과 혜택 등 세상에 긍정적인 측면이 존재함을 인지합니다. 이는 불평, 부담, 갈등을 무시하거나 완벽한 삶을 의미하는 것은 아닙니다. 다만, 삶을 큰 시각에서 바라보면 그 안에 긍정적인 측면이 존재한다는 사실을 발견하는 것이 감사의 본질입니다.

두 번째로, 좋은 것을 우리에게 제공하기 위해 기여한 타자가 있다는 것입니다. 다시 말해, 감사의 두 번째 측면은 좋은 것이 어디서 왔는지를 이해하는 것입니다. 우리는 좋은 것이 외부에서 왔음을 깨닫고, 진정한 감사는 다른 이에 대한 겸허한 의존과 겸손입니다. 감사는 우리가 좋은 것을 달성하는 과정에서 타인(또는 더 높은 존재)으로부터 다양한 선물을 받았다는 사실을 수용하는 행위입니다.

노스캐롤라이나대학교의 안드레아 후송 연구팀은 '감사하는 자녀로 키우기' 프로젝트에서 유치원생부터 중학생까지의 자녀를 둔 가족들의 경험을 조사했습니다. 후송 팀은 과학 문헌과 부모와의 대화를 기반으로 감사가 4가지 요소로 이루어진다고 결론 내렸습니다.

첫 번째로, 감사는 감사 대상을 '알아채는' 경험입니다. 감사란 어떤 것이 주어졌을 때 가던 길을 멈추고 그것에 주목하는 행위입니다. 이를 통해 이미 존재하는 좋은 것들을 새롭게 발견하고, 받은 선물 뒤에 숨겨진 배려와 돌봄을 인식하는 것입니다. 두 번째로, 감사는 왜 우리에게 그것이 주어졌는지를 '생각하는' 경험입니다. 어떤 선물이 대가나 의무에 의해 주어진 것이 아니라고 인식할 때, 우리는 더 큰 감사의 마음을 느낍니다. 상대방이 왜 우리에게 이 선물을 주었는지 생각하면서 고마운 마음이 깊어집니다.

세 번째로, 감사는 받은 것을 '느끼는' 경험입니다. 무언가를 받을 때 느끼는 행복감이나 타인과의 연결감이 감사로 전환됩니다. 마지막으로, 감사는 고마움을 표현하기 위해 무언가를 '행하는' 경험입니다. 감사의 마음을 전하거나 포용하는 것은 우리가 느끼는 긍정적인 감정을 나타내는 방식입니다. 후송 팀은 이러한 감사의 경험을 '알아채기 – 생각하기 – 느끼기 – 행하기'라는 네 단계로 나누어 설명했습니다. 그리고 많은 부모가 행동에만 주의를 기울이고 있지만, 감사를 효과적으로 실천하려면 앞서 언급한 세 단계가 매우 중요하다고 지적했습니다. 또한 '감사를 잘 받는 아이일수록 더 감사하는 아이가 된다.'라고 결론을 내렸습니다.

그럼, 인간은 언제부터 감사했을까요? 감사의 기원에 관한 연구는 다양한 학문 분야에서 이루어지고 있으며, 그중 하나는 유전학입니다. 콜로라도주립대학교의 마이클 스티거 연구팀은 일란성 쌍둥이와 이란성 쌍둥이를 조사하여 감사 수준의 유전적 영향을 탐구했습니다. 이 연구에서는 본질적으로 DNA 구성이 동일한 일란성 쌍둥이가 DNA의 50%만 공유하는 이란성 쌍둥이보다 비슷한 감사 수준을 나타내는 것으로 확인되었습니다. 이 결과는 감사에 유전적인 영향이 작용할 수 있음을 시사합니다.

특정 유전자가 개인의 풍성한 또는 인색한 감사 성향에 영향을 미치는지 탐구한 연구도 있습니다. 감사 유전자 후보 중 하나는 뉴로펩타이드 옥시토신 분비를 조절하는 CD38 유전자입니다. 신경과학자이자 심리학자인 사라 앨고우의 연구팀은 연인에 대한 감사 표현의 질과 빈도가 CD38 유전자와 관련이 있음을 발견했습니다. 이 연구에 참여한 커플들은 2주 동안 매일 밤 자신이 좋아하는 일을 해준 연인에게 감사했는지 여부를 기록했습니다. 특정 변형의 CD38 유전자를 가진 사람들은 약 45%의 감사 확률을 보였으며, 다른 변형의 CD38 유전자를 가진 사람들은 70%가 넘는 감사 확률을 보였습니다. 또한 도파민 신경 전달물질의 순환을 담당하는 COMT 유전자도 감사에 영향을 미치는 것으로 나타났습니다. 심리학자 진팅리우와 동료 연구진은 특정 유형의 COMT 유전자를 가진 사람들이 다른 유형의 COMT 유전자를 가진 사람들보다 더 많이 감사를 느낀다고 보고했습니다.

감사에 관한 과학적 연구는 유전자 연구뿐만 아니라, 감사할 때 우리 뇌가 어떻게 반응하는지를 탐구한 사례도 있습니다. 신경과학자인 글렌 폭스가 이끈 학부생 팀은 제2차 세계대전 중 유대인 대학살로부터 생존한 사람들의 경험을 바탕으로 실험을 설계했습니다. 이 실험에서는 '한겨울에 죽음의 행군을 하는 당신에게 동료 죄수가 따뜻한 코트를 건넨다.' 와 같은 상황을 시뮬레이션하여 실험 참가자들이 그 상황에서 어떤 감정을 느꼈을지를 상상하도록 했습니다. 연구팀은 기능적 자기공명영상 (fMRI)을 사용하여 참가자들의 뇌 활동을 측정했습니다.

조사 결과, 감사의 감정을 느낄 때 참가자의 뇌 내측 전전두엽피질의 특정 영역이 활성화되었습니다. 이 영역은 타인의 입장을 이해하고 공감하며 안도감을 느끼는 기능과 관련이 있습니다. 이 영역은 우리가 사회 활동에서 즐거움을 경험할 때 활성화되는 신경망 중 일부입니다. 또한 이 영역은 심박수나 각성 수준과 같은 기본 정서를 조절하는 뇌 영역과도 밀접하게 연결되어 있습니다. 이러한 결과는 감사가 사회적 유대 및 스트레스 완화와 관련된 뇌 신경망에 의존하고 있음을 시사합니다. 감사의 표현을 통해 타인이 제공한 도움을 인정하면 몸 상태가 느긋해지고 스트레스 수준도 낮아질 수 있다는 것을 나타냅니다.

『감사의 재발견』에는 일상에서 '감사 지수'를 높이는 방법도 소개되어 있습니다. 몇 가지만 소개해 보면 다음과 같습니다.

1. **때로는 죽음과 상실에 관해 생각하라.**

   아라셀리 프라이어스 연구팀은 실험 참가자들에게 죽음을 맞이하는 장면을 상상해 보라고 요청했습니다. 그 결과로 참가자들의 감사 지수가 대폭 증가했습니다. 비슷한 연구로 구민경과 동료 연구진이 조사 참가자들에게 연인이 삶에서 갑자기 사라지는 상황을 상상해 보라고 요청한 결과, 연인에게 느끼는 감사 지수가 높아졌습니다.

2. **권리 의식을 버리고 감사를 선택하라.**

   감사의 반대말은 권리 의식입니다. 권리 의식은 자신을 매우 특별한 존재로 여겨서 주변 사람들이 어떤 것을 해주어야 한다고 믿는 태도입니다. 로버트 에먼스는 "감사하려면 우리가 주고받기를 반복하며 상호의존의 그물망 속에 있음을 깨달아야 한다."라고 강조했습니다.

3. **사물이 아닌 사람에게 감사하라.**

   햇살과 나무는 감정을 갖지 않습니다. 이러한 자연 요소에 대한 감사 표현은 우리가 환경에 미치는 영향을 되돌아보는 계기가 됩니다. 하지만 나무나 태양은 우리의 존재를 알아차리지 못합니다. 감사는 사람 간의 관계에 큰 영향을 미칩니다. 내가 자녀에게 감사의 마음을 전하면 그들은 기쁘게 반응하며 부모와 자녀 간의 정서적 유대가 더욱 강해집니다.

마지막으로 『감사의 재발견』에서 소개한 '감사하는 자녀로 기르는 법'을 몇 가지 알려드리겠습니다. 가정에서 실천해 보면 좋겠습니다.

1. 자녀가 자기감정과 다른 사람의 감정을 이해하도록 돕자.
아이들은 "감사해요."라는 말을 할 수 있지만, 타인의 생각과 감정이 자신과는 별개임을 이해하지 못합니다. 자신과 다른 존재로서 타인을 이해하는 능력은 감사 표현에 필요한 기초입니다.

2. 도움을 요청할 줄 아는 자녀로 키우자.
성인이 된 후에도 부모나 스승에게 도움을 요청할 수 있는 자녀들은 높은 감사 지수를 보였습니다. 이들은 부모나 스승을 믿고 의지합니다. 부모와 스승이 자기들에게 필요한 자원, 유익한 피드백, 그리고 조언을 제공할 수 있다는 사실을 아는 데서 감사가 비롯됩니다.

3. 자녀가 감사 활동에 참여하도록 격려하라.
감사 훈련과 자원봉사와 같은 사회 활동 참여는 감사의 발달에 도움이 됩니다. 감사 활동을 통해 어린 자녀들은 자신의 형편에 대해 진지하게 성찰하고, 누리는 축복과 선물에 대해 인식합니다. 또한 자녀가 직접 감사를 실천할 때 타인이 기쁨을 느끼는 모습을 보면서 즐거움과 성취감을 경험합니다.

4. 일상에 감사하자.

안드레아 후송과 동료들의 연구에 따르면, 부모가 일상생활에서 감사의 중요성을 이해하고 경험하며 표현하는 것은 자녀에게 큰 영향을 미칩니다. 예를 들어, 자녀가 맛있는 요리를 해준 할머니에게 감사를 표현한다면, 부모는 감사하는 자녀를 본 느낌을 알려줄 수 있습니다.

5. 주도성과 반응성 모두 필요하다.

후송의 연구에 따르면, 부모와 자녀가 함께 감사를 표현하는 것이 중요합니다. 부모가 자녀에게 감사의 중요성을 가르치고 영감을 주면서, 동시에 자녀의 감사 인사에 대해 이야기하고 공감하는 모습을 보여주는 것이 바람직합니다.

※ 『논어』의 다른 구절을 읽고, '감사'에 대해 생각하고 이야기 나눠 봅시다.

───────────────────────────

공자께서 말씀하셨다. "백이와 숙제는 옛 원한을 마음에 두지 않았다. 이 때문에 이들을 원망하는 사람도 드물었다."

子曰 "伯夷叔齊不念舊惡, 怨是用希."
자왈 "백이숙제불념구악, 원시용희."

『논어』 「공야장」 22장

공자께서 말씀하셨다. "이익에 따라서 행동하면 원한을 사는 일이 많아진다."

子曰 "放於利而行, 多怨."
자왈 "방어리이행, 다원."

『논어』 「이인」 12장

11장

당신은 자녀에게
충고를 잘합니까?

"좋은 충고는 항상 무시당하지만,

그렇다고 하지 말아야 할 이유는 없다."

- 아가사 크리스티

148 공자께서 부모에게 말씀하셨다

미자는 떠나갔고, 기자는 노비가 되었으며, 비간은 간언하다 죽었다.
공자께서 말씀하셨다. "은나라에는 세 명의 인(仁)한 사람이 있었다."

微子去之, 箕子爲之奴, 比干諫而死.
　미자거지,　기자위지노,　비간간이사.

孔子曰 "殷有三仁焉."
공자왈 "은유삼인언."

은나라의 마지막 세 충신, 미자 · 기자 · 비간

'은말삼인(殷末三仁)', 은나라 말기 세 명의 어진 사람을 뜻합니다. 『논어』「미자」 1장에서 공 선생님은 미자(微子), 기자(箕子), 비간(比干)을 은나라의 인(仁)한 사람으로 꼽았습니다. 미자, 기자, 비간은 어떤 사람이었길래, 공 선생님이 이렇게 호평했던 걸까요? 미자, 기자, 비간은 모두 은나라 마지막 왕인 주왕(紂王)의 친척이자 신하였습니다. 미자는 주왕의 배다른 형이고, 기자와 비간은 숙부뻘이었습니다.

주왕은 처음에는 힘과 총명함을 모두 갖춘 지배자였지만, 주색을 지나치게 밝혀 나랏일을 소홀히 하고 백성들의 원성을 샀습니다. 『사기』「은본기」에는 "(주왕은) 특히 달기(妲己)라는 여자를 사랑하여 그녀의 말은 무엇이나 들어 주었다. … 그는 술로 못을 만들고 고기를 달아 숲을 만든 다음 그 사이에서 밤낮없이 술을 퍼마시며 즐겼다."라는 내용이 나옵니다. 주지육림(酒池肉林)의 고사성어가 바로 여기서 시작되었습니다. 은 주왕은 하나라의 마지막 왕인 걸왕(桀王)과 함께 '걸주(桀紂)'라 하여 폭군의 대명사가 되었습니다.(앞서 살펴본 '요순'의 반대입니다.)

기자는 은나라가 이렇게 망해가는 모습을 볼 수 없었습니다. "주왕이 이미 상아 젓가락을 사용한 이상, 틀림없이 옥잔을 사용할 것이고, 옥잔을 사용하면 곧 먼 지방의 진귀하고 기이한 기물을 사용하려 들 것이다. 장차 수레와 말 그리고 궁실의 사치스러움이 이것으로 시작해 진정시킬 방법이 없게 될 것이다.[9]"라고 탄식하면서, 주왕에게 계속 간언했습니다. 하지만 끝내 주왕이 조언을 받아들이지 않자, 머리를 풀어 헤치고 미친 척하다가 잡혀서 노비가 되었습니다.

기자가 간하다가 결국 노비가 되는 것을 보고, 비간은 "군주에게 과실이 있어도 사력을 다해 간언하지 않으면 백성만 무슨 죄가 있단 말인가?"라며 한탄하고 주왕에게 간언했습니다. 하지만 주왕은 "나는 성인(聖人)의 심장에는 구멍이 일곱 개나 있다고 들었다."라며, 비간을 죽이고 그의 심장을 꺼내는 잔혹한 짓을 저질렀습니다.

또한 미자는 "부자 사이는 골육의 정이 있고, 군신은 도의로 맺어져 있다. 부친이 과실이 있으면 자식 된 자가 누차 간할 것이나 그래도 듣지 않으면 따라다니며 통곡하면 된다. 그러나 신하 된 자가 거듭 간해도 군자가 듣지 않으면 그 도의에 따라 떠나는 편이 낫다."라고 말하며 떠나갔습니다.

결국 주나라 무왕이 주왕을 죽이고, 은나라를 멸망시켰습니다. 미자는 무왕을 찾아가 투항하며 은나라의 제사를 유지할 수 있도록 간청했습니다. 무왕은 주왕의 아들 무경(武庚)에게 은나라의 제사를 지속하게 한 뒤, 동생 관숙(管叔)과 채숙(蔡叔)에게 무경을 보좌하도록 했습니다.

---

9 견미지저(見微知著) 고사의 유래. 미미한 것을 보고 앞으로 드러날 것을 안다는 뜻.

이후 무왕이 죽자, 그의 아들 성왕(成王)이 즉위했습니다. 성왕의 나이가 어려, 무왕의 동생 주공(周公)이 성왕을 대신해 정사를 처리했습니다. 주공의 섭정에 불만을 품은 관숙과 채숙은 무경과 함께 반란을 일으켰습니다. 주공은 반란을 진압하면서 무경과 관숙을 죽이고 채숙을 추방했습니다. 그리고 미자에게 은나라 조상의 제사를 모시게 하면서, 미자는 송나라를 세웁니다.(공자가 미자의 후손이라는 설도 있습니다.)

하나만 더 말씀드린다면, 기자는 우리나라와도 관계가 있습니다. 『사기』 「송미자세가」에는 "주 무왕이 기자를 조선에 봉해 그를 신하의 신분으로 대하지 않았다."라는 내용이 나옵니다. 고려 때 일연이 쓴 『삼국유사』에도 다음과 같은 글이 실려 있습니다.

단군왕검은 요임금이 즉위한 지 50년인 경인년에 평양성에 도읍하고 비로소 조선이라 일컬었다. 또 도읍을 백악산 아사달에 옮겼는데 그곳을 궁홀산 또는 금미달이라고도 한다. 1천 5백 년 동안 나라를 다스렸다. 주나라 무왕이 즉위한 기묘년에 기자를 조선에 봉하니 단군은 이에 장당경으로 옮겼다가 뒤에 돌아와 아사달에 숨어서 산신이 되었으니 나이가 1,908세였다.

정리하면, 주 무왕이 은나라를 멸망시킨 후 기자는 동쪽으로 옮겨 조선에 자리를 잡았다는 것입니다. 이른바 '기자동래설(箕子東來說)'이라고 합니다. 다만 현재 학계에서는 사료와 유물이 부족해서 '기자동래설'을 어디까지 믿어야 할지 계속 연구가 진행되고 있습니다.(조선 시대에는 기자동래설에 근거하여 단군과 함께 기자의 제사를 지냈으며, 그의 사당을 세우기도 했다는 점이 재미있습니다. '조선'이라는 국호도 단군조선과 함께 기자조선을 염두에 두고 정한 것입니다.)

앞서 살펴본 것처럼 간언하다가, 미자는 떠나갔고, 기자는 노비가 되었으며, 비간은 죽임을 당했습니다. 공 선생님은 『논어』 「안연」 23장에서 자공이 친구의 도리를 묻자, "충심으로 말하여 잘 이끌어 주어야 한다. 그것을 할 수 없다면 그만두어서, 스스로 욕됨을 없게 해야 한다."라고 말했습니다. 왜 공 선생님은 친구에게 진심으로 충고하라고 하면서, 동시에 친구가 충고를 받아들이지 않는다면 그만두라고 했을까요? 이번 장에서는 '충고'를 주제로 에릭 라 블랑슈의 『우리의 뇌는 왜 충고를 듣지 않을까?』를 함께 읽어보겠습니다.

충고, 인지 편향을 이겨내는 힘

본격적으로 책의 내용을 알아보기 전에, 『우리의 뇌는 왜 충고를 듣지 않을까?』에 나오는 문제 하나를 풀어보겠습니다. 여기 탁구라켓 하나와 탁구공 하나가 있습니다. 가격은 합해서 11달러입니다. 라켓이 공보다 10달러 비싸다면 공은 얼마일까요?

만약 당신이 1달러라고 대답했다면, 당신은 인지 편향의 희생양이 된 것입니다. 에릭 라 블랑슈는 자신의 책『우리의 뇌는 왜 충고를 듣지 않을까?』에서 사람들이 어리석은 판단과 결정을 내리는 이유 중 하나가 '인지 편향' 때문이라고 주장합니다. 인지 편향은 다른 사람의 충고를 받아들이지 못하는 이유 중 하나입니다. 이제 에릭 라 블랑슈가 어떻게 인지 편향을 설명했는지 살펴보겠습니다.

먼저 앞에 나온 문제의 정답을 알려드리겠습니다. 공은 0.5달러이고, 라켓은 그보다 10달러 비싼 10.5달러입니다. 그래야 가격의 합이 11달러가 됩니다. 공이 1달러라면, 라켓은 10달러 비싼 11달러이고 합계는 12달러입니다.(하버드, MIT, 프린스턴대학교 학생들에게 같은 질문을 했을 때, 약 50%의 학생들이 당신과 비슷하게 인지 편향에 빠졌습니다.)

인지 편향은 무언가를 알아가는 과정에서 발생하는 오류로, 정보를 처리하는 과정에서 정보가 왜곡되는 것을 의미합니다. '편'이라는 단어는 한쪽으로 치우친다는 의미입니다. 인지 편향은 정보를 올바르게 처리하지 않고, 오히려 비스듬한 방향으로 빗나가게 처리했다는 뜻입니다. 인지 편향 때문에 결과는 현실과 동떨어지며, 실제 존재하는 정보와 개인이 지각한 정보가 차이를 보입니다.

우리 뇌는 외부에서 받아들인 정보를 직접 수용하지 않고, 그 정보에 무언가를 덧붙이거나 변형합니다. 다시 말해, 우리는 정보를 직접적으로 받아들이지 않고 이를 수정하는 경향이 있습니다. 인지 편향은 절대로 우연이 아니며, 실수도 아닙니다. 어떤 정보들은 항상 편향되는데, 마치 일부러 그렇게 만든 것처럼 프로그래밍 되어 있습니다. 인지 편향 때문에 우리는 같은 실수를 반복해서 저지릅니다.

그렇다면 인지 편향은 언제부터 존재했을까요? 그리고 왜 존재할까요? 에릭 라 블랑슈는 "태초에 인지 편향이 존재했다."라고 표현하면서, 인지 편향은 수백만 년 동안 인간의 생존을 도왔다고 말합니다. 좀 더 풀어서 설명해 보겠습니다.

선사 시대 사람들은 살아남기 위해 다양한 제약 조건과 도전에 직면했습니다. 먼저, 그들은 먹을 것과 마실 것을 찾아야 했으며, 그 후에는 사자나 하이에나와 같은 사나운 동물뿐만 아니라 악어, 뱀, 거미, 박테리아, 기생충과 같은 다양한 위험에도 대처해야 했습니다.

이런 상황에서 인지 편향은 우리 삶을 편안하게 만들어 주었습니다. 진화가 인지 편향을 간직한 이유가 여기에 있습니다. 예를 들어 설명해 보겠습니다. 어느 늦은 밤, 당신은 길을 걷고 있습니다. 길가 풀숲에서 정체 모를 소리가 들려옵니다. 당신은 무슨 소리인지 모르지만, 놀라 도망칠 것입니다. 물론 이렇게 도망간다면 소리의 원인을 절대 알 수 없습니다. 하지만 최소한 위험에 빠지지는 않습니다.

이러한 경향을 활성화시키는 장치를 '행위자 과잉 탐지 장치(DHDA)'

라고 합니다. 이 장치의 기본 원리는 겁쟁이가 살아남는다는 것입니다. 실제로는 바람 소리에 불과하지만, 행위자 과잉 탐지 장치는 현실을 왜곡하여 더 위험한 것을 상상하게 만듭니다. 한 번의 실제 위험을 탐지하지 못하는 것보다 상상 속의 위험을 수백 번이라도 미리 탐지하는 것이 더 안전합니다.

오늘날 인지 편향은 어떻게 작용할까요? 우리가 사는 세상은 매번 진짜 원인을 파악하고 결정을 내리기에는 지나치게 복잡합니다. 그래서 뇌는 정보 처리 수단의 한계를 극복하기 위해 일을 단순화시키는 경향이 있습니다. 미국의 심리학자이자 경제학자인 허버트 사이먼은 이 작동 방법을 '제한된 합리성'이라고 불렀습니다. 인지 체계는 가능한 한 신속하고 효과적으로 작동하여, 효율적인 행동을 할 수 있도록 노력합니다. 다시 강조하면 '가능한 한 빠르게' 정보를 처리하는 것이 중요합니다.

몇몇 연구자들은 일상적으로 내리는 결정 중 95%가 고민하지 않고 즉각적으로 내리는 결정('자동모드')이라고 주장합니다. 나머지 5%는 주의 깊게 내려야 하는 중요한 결정입니다. 따라서 중요한 결정을 내릴 때 뇌는 '생각 모드'를 작동시킵니다. 이때 우리는 옳고 그름을 가늠하며 차분히 더 많은 시간을 투자합니다. 그렇다고 모든 경우에 좋은 선택을 하는 것은 아니지만, 자동모드를 유지하는 것보다는 신뢰할 만합니다.

프린스턴대학의 대니얼 카너먼은 인간이 결정을 내릴 때 2가지 방법을 번갈아 사용한다고 설명했습니다. 그는 이 2가지 방법을 시스템 1과 시스템 2로 명명했습니다. 시스템 1, 또는 자동모드는 의지와 무관하게 작동하지만 직관적이며 매우 신속합니다. 또한 어떠한 노력도 필요하지 않습니다. 이는 우리가 기본적으로 갖고 있는 사고 방식이며, 의지와는 상관없이 항상 활성화되어 있습니다. 자동차의 자율주행 모드와 유사한 개념입니다.

반대로 시스템 2, 또는 생각 모드는 주의와 집중이 필요합니다. 또한 느리고 지루하며 에너지 소비가 많습니다. 시스템 2를 사용할 때는 심사숙고합니다. 이 모드가 작동되면 시스템 1과 전환됩니다. 그래서 시스템 2는 시스템 1의 의견을 듣지 않습니다. 예를 들어, 누군가가 "2 더하기 2는 몇이냐?"라고 묻는다면, 시스템 1을 사용하여 즉각적으로 대답할 것입니다. 그러나 "1,347 더하기 128은 몇이냐?"라고 묻는다면, 시스템 2를 동원하여 생각합니다.

우리가 기본적으로 사용하는 방식은 시스템 1입니다. 우리는 정보의 과잉을 피하고 빠르게 대응하며 기억을 단순화하기 위해서 시스템 1을 선택합니다. 일상에서는 시스템 2보다 에너지 소모가 적어 효율적입니다. 그러나 시스템 1을 사용하면 인지 편향에 빠질 수 있습니다.

즉, 인간의 정신은 실수를 저지르는 것이 아니라 실수하도록 프로그래밍 되어 있습니다. 결국 인지 편향은 모든 인지 기능의 근원에 개입하기 때문에, 인지 편향을 완전히 제거하거나 막는 것은 불가능합니다. 따라서 인지 편향을 줄이거나 관리하기 위한 해결책을 찾아야 합니다.

첫 번째 해결책은 교육입니다. 교육은 우리의 지능을 발달시키고, 더 나은 판단을 내릴 수 있도록 도와줍니다. 특히 교육을 통해 시스템 2를 강화시켜야 합니다. 시스템 1에 의한 인지 편향을 이해하고 그 존재를 인지함으로써, 우리는 더 나은 판단을 내리고 실수를 줄일 수 있습니다. (『우리의 뇌는 왜 충고를 듣지 않을까?』에는 24가지 인지 편향이 정리되어 있습니다.)

두 번째 해결책은 인지 편향으로 가득 찬 타인입니다. 중요한 결정을 내릴 때 동료들에게 의견을 물어보고 함께 토론하면, 각자의 다양한 시각과 경험을 고려할 수 있습니다. 여러 뇌가 모여 의사 결정에 참여하면, 개인의 인지 편향이 서로 상쇄되고 어리석은 실수를 줄일 수 있습니다. 다만, 의견을 구할 때는 자신의 결정을 사전에 밝히지 않는 것이 중요합니다. 그렇게 하면 동조나 반대의 가능성을 열어두고 다양한 의견을 얻을 수 있습니다.

여기서 충고의 가치를 다시금 생각합니다. 부모는 인지 편향의 존재에 대해 아이들과 이야기를 나눠야 합니다. 타인으로서의 부모 역시 인지 편향으로 가득 차 있음을 인지하고, 아이들에게 충고해야 합니다. 공 선생님은 인지 편향의 존재에 대해 알고 있었을까요? 충고는 필요하지만,

충고가 잦으면 관계가 나빠질 수 있다는 공 선생님의 조언을 잘 받아들여야 하겠습니다.

※ 『논어』의 다른 구절을 읽고, '충고'에 대해 생각하고 이야기 나눠 봅시다.

──────────────

자유가 말했다. "군주를 섬기는 데 (간언이) 잦으면 곧 치욕을 당하게 되고, 친구를 사귀는 데 (충고가) 잦으면 곧 소원해진다."

子游曰 "事君數, 斯辱矣. 朋友數, 斯疏矣."
자유왈 "사군삭, 사욕의. 붕우삭, 사소의."

『논어』 「이인」 26장

12장

당신의 롤모델은
누구입니까?

"훌륭한 본보기를 두고 보기만 하는 것은
실로 무척 힘든 일이다."

- 마크 트웨인

공자께서 말씀하셨다. "심하구나, 나의 노쇠함이여! 오래되었구나, 꿈에서 주공을 다시 못 뵌 지가!"

子曰 "甚矣吾衰也! 久矣吾不復夢見周公!"
자왈 "심의오쇠야! 구의오불복몽견주공!"

『논어』 「술이」 5장

공자께서 부모에게 말씀하셨다

수양대군은 따르지 않은 주공의 길

옛적에 주공(周公)이 관숙과 채숙을 베어 왕가(王家)를 편안히 하니, 대의가 소소하여 만고에 빛났다. … 아아! 경(수양대군)은 주공의 훌륭한 재질이 있고, 또 주공의 큰 공을 겸하였고, 나(단종)는 성왕의 나이의 어림으로 또 성왕의 다난(多難)함을 만났다. 이에 성왕이 주공에게 책임하는 것으로써 숙부에게 책임하였으니, 마땅히 주공이 성왕을 돕는 것으로 과궁(寡躬)을 도와서 위와 아래가 서로 닦으면 무슨 근심을 구제하지 못하랴. 네 충성과 공렬을 돌아보니 의지함이 실로 깊다.

『조선왕조실록』 단종 3년(1454) 1월 24일의 기사 중 일부입니다. 계유정난(癸酉靖難)을 통해 정권을 잡은 수양대군에게 단종은 "아아! 경은 주공의 훌륭한 재질이 있고, 또 주공의 큰 공을 겸하였고 … 주공이 성왕을 돕는 것으로 과궁을 도와서 위와 아래가 서로 닦으면 무슨 근심을 구제하지 못하랴."라고 계속해서 주공을 언급하고 있습니다. 주공은 과연 어떤 인물이기에, 단종은 수양대군에게 주공처럼 되어 주기를 바랐을까요? 공 선생님은 왜 꿈에서라도 주공을 뵙고 싶다고 했을까요?

주공은 주나라 문왕의 아들이자 무왕의 동생입니다. 무왕이 즉위하자 늘 무왕을 보필하며 많은 일을 처리했습니다. 특히, 주나라가 은나라를 무너뜨릴 때 큰 공을 세웠습니다. 은 주왕을 주살한 후 무왕은 공신과 친척을 두루 제후로 책봉했는데, 주공은 지금의 산동(山東)성 취푸(曲阜)에 봉해져 노나라의 시조가 되었습니다.

사실 주공이 후대까지 높은 평가를 받는 이유는 따로 있습니다. 무왕은 은나라를 무너뜨린 후 오래 살지 못하고 세상을 떠났습니다. 뒤를 이어 무왕의 아들 성왕이 즉위했습니다. 성왕은 불과 13세의 어린 나이였기 때문에, 주공이 섭정을 맡았습니다. 이에 관숙과 채숙을 비롯한 여러 동생들은 주공을 의심했습니다. 심지어 관숙과 채숙은 은나라의 후손 무경과 손을 잡고 반란을 일으켰습니다.

이에 주공은 "내가 오해받는 것을 피하지 않고 섭정하는 것은 천하가 왕실을 이반 할까 두려워하기 때문이오. 3왕(고공단보, 왕계, 문왕)이 오랫동안 천하를 위해 애쓴 덕분에 오늘날 치도(治道)가 거의 완성 단계에 이르게 됐소. 무왕은 일찍 서거했고, 성왕은 아직 어리오. 이런 어려움 속에서 주나라의 치도를 완성하는 것이 바로 내가 섭정하는 이유요."라고 밝히며 성왕을 힘껏 보필했습니다. 그리고, 성왕이 성장해 스스로 정무를 처리할 수 있게 되자, 주공은 성왕에게 주저 없이 정권을 돌려주었습니다. 단종이 숙부인 수양대군에게 주공처럼 되어 주기를 바란 것도 이러한 주공의 모습 때문이었습니다. 끝내 수양대군은 조선의 주공이 되기를 거부했습니다만.

한편 주나라 건국과 초기 문물제도 정비에 절대적인 역할을 했던 주공으로부터 '일목삼착(一沐三捉) 또는 일반삼토(一飯三吐)'의 고사가 전해집니다. "머리를 한 번 감을 때마다 머리카락을 세 번 움켜쥐고, 식사를 한 번 할 때마다 음식을 세 번 뱉어낸다."라는 뜻입니다. 주공이 머리를 감다가 손님이 찾아오자 감던 머리카락을 움켜쥐고 손님을 맞이하러 나왔고, 식사하는데 손님이 찾아와 세 번이나 먹던 것을 뱉어내고 손님을 맞이했다는 데서 유래한 것입니다. 주공이 얼마나 인재를 성심성의껏 대했는지 알 수 있는 대목입니다.

공 선생님은 『논어』 「팔일」 14장에서 "주나라는 (하와 은) 두 왕조를 거울로 삼았으니, 찬란하구나, 그 문화여! 나는 주나라를 따르겠다."라고 선언했습니다. 앞서 이야기한 것처럼 공 선생님은 꿈에서라도 주공을 뵙고 싶어 했습니다. 공 선생님은 춘추시대에 무너진 천자의 권위를 회복하여 주나라의 문물제도를 되살리고 새로운 천하를 구축하려는 이상을 품었습니다. 그러니 주나라의 법률과 제도들을 제정한 주공은 공 선생님의 롤모델이었습니다. 이번 장에서는 정약용이 쓴 『유배지에서 보낸 편지』를 함께 읽으며, 당신의 '롤모델'에 대해 생각해 보겠습니다.

'마음 심(心)' 자에 담은 정약용의 마음

당신의 롤모델은 누구입니까? 자녀에게 소개해 주고 싶은 롤모델이 있습니까? 그 롤모델이 쓴 책이나 글 중에서 자녀와 함께 읽고 싶은 게 있습니까? 이번 장에서는 제 롤모델인 정약용이 유배 시절에 아들들에게 쓴 편지를 책으로 엮은 『유배지에서 보낸 편지』를 함께 읽어보겠습니다.(이번 장에서는 제가 정리한 정약용에 관한 내용을 중심으로 가족과 함께 이야기 나눠도 좋고, 여러분의 롤모델에 대한 글이나 책을 갖고 이야기 나눠도 좋겠습니다.)

저는 처음에 『목민심서』를 읽고 나서 정약용에게 관심을 가지게 되었습니다. 『목민심서』는 목민관, 즉 지방의 수령이 지켜야 할 지침을 12개 편목으로 나누고 편목 당 6조, 총 72조로 정리하여 편찬한 책입니다. 정약용은 수령이 부임하기 전 왕에게 인사드릴 때부터 직책에서 물러날 때까지 목민관이 지켜야 할 지침들을 시시콜콜 자세하게 종합했습니다. 제가 특히 감명받은 부분은 『목민심서』의 서문입니다.

"'심서(心書)'라 한 것은 무슨 까닭인가? 목민할 마음은 있으나 몸소 실행할 수 없기 때문에 '심서'라 이름한 것이다."

'목민'은 '백성을 기르다.', '백성을 성장시키다.' 정도로 이해할 수 있습니다. 목민관은 임금을 대신하여 백성들을 보살펴야 합니다. 그런데 『목민심서』의 '마음 심(心)' 자에 들어 있는 정약용의 마음이 느껴지십니까? 18년 동안 귀양지에 있으면서 세상을 원망하지 않고, 세상을 경영할 경륜을 얻었어도 그 능력을 펼칠 수가 없는 안타까움이 고스란히 느껴집니다.

'다산(茶山)'이라는 호로 잘 알려진 정약용은 자신이 저술한 묘지명(自

撰墓誌銘)에서 자신의 당호를 '여유당(與猶堂)'으로 소개합니다. 그리고 그의 문집을 『여유당전서』라고 합니다. 그가 당호를 '여유당'으로 지은 까닭 또한 「자찬묘지명」에 나옵니다. 『도덕경』 중, "여혜, 약동섭천(與兮, 若冬涉川). 유혜, 약외사린(猶兮, 若畏四隣)."에서 따온 것입니다. 뜻을 풀이하면, "신중하도다, 겨울에 살얼음 냇가를 건너듯. 조심하도다, 세상 사람을 두려워하듯"입니다. 그 뜻을 새겨 앞 글자인 '여(與)'와 '유(猶)'를 가져와 이름으로 삼았습니다. 이는 정약용이 삶을 얼마나 전전긍긍 조심하며 살았는지 짐작하게 합니다.

1790년(정조 14) 겨울, 임금께서 명하시니 밤까지 상의원에 있었다. 그곳에서 『논어』를 읽고 있는데, 규장각의 서리가 찾아와 소매에서 종이 하나를 내어 보이며 말했다.

"이것은 내일 경연에서 강의할 장(章)입니다."

깜짝 놀라 이렇게 말했다.

"주상전하의 강원(講員)으로 어찌 엿볼 수 있겠는가."

"심려치 마시지요. 이것은 상감마마께서 내리신 분부입니다."

"그렇더라도 감히 엿볼 수 없네. 내 마땅히 전편(全篇)을 읽으리다."

서리는 웃으며 가버렸다. 이튿날 경연에 나아가니, 임금께서 내각의 관료에게 말씀하셨다.

"정약용에게는 모름지기 다른 장을 별도로 명하라."

내가 강을 하며 틀리지 아니하자, 용안에 미소가 번졌다.

"과연 전편을 읽었구나."

정약용의 삶을 이야기하면서 정조와의 인연을 빠뜨릴 수 없습니다. 10 여 년 동안 정조의 특별한 총애 속에서 사간원정언, 경기암행어사, 동부 승지, 곡산부사, 병조참지 등을 두루 역임했습니다. 특히, 1789년에는 한 강에 배다리를 준공시키고, 1793년에는 수원화성을 설계하는 등 기술적 업적을 남겼습니다.

그러나 젊은 시절 잠시 천주교에 관심을 가졌던 게 정약용의 발목을 잡았습니다. 정약용은 천주교 가문 출신이라고 해도 과언이 아닙니다. 역사 시간에 배운 우리나라 천주교 초기 인물 중 많은 이들이 정약용과 친인척 관계입니다. 조선 최초로 세례를 받은 이승훈은 정약용의 매부였 고, 이승훈의 동생을 며느리로 들이기도 했습니다. 백서사건으로 유명한 황사영도 정약용의 조카사위였습니다. 돌아가신 어머니의 위패를 폐하 고 제사를 모시지 않았다는 이유로 순교한 윤지충은 정약용의 외사촌이 었습니다. 친형 정약종도 1801년 신유박해 때 순교했습니다.

정약용은 정조 재위 시절에도 천주교 때문에 어려움을 겪었지만, 이때 는 정조가 막아줄 수 있었습니다. 신앙으로서 천주교에 관심을 가졌던 게 아니라, 서학으로서 학문적 관심을 가졌었다는 구실이 먹혔습니다. 하지만 정조 사후 모든 게 바뀌었습니다. 더 이상 보호막이 되어 줄 임금 은 없었습니다. 그렇게 정약용은 정치 일선에서 물러나야 했고, 유배를 떠나야 했습니다. 그리고 18여 년 동안 귀양지에서 다양한 저술 활동을 펼쳤습니다. 대표적 저서로는 '1표 2서'라 하여, 『경세유표』, 『목민심서』,

『흠흠신서』를 꼽습니다. 이제 앞서 말씀드린 것처럼 『유배지에서 보낸 편지』에서 가족과 함께 읽을 만한 대목을 몇 구절 살펴보겠습니다.

정약용은 시종일관 조상이 큰 죄를 짓고 죽어 자손이 벼슬을 할 수 없는 폐족처럼 되었지만, 아들들에게 공부를 놓으면 안 된다고 충고했습니다. 오히려 폐족이기에 과거 공부에 얽매이지 않고 참다운 공부를 할 수 있다고 말했습니다. 그러니 "과거에 응할 수 없게 됐다고 해서 스스로 꺾이지 말고 경전 읽는 일에 온 마음을 기울여 글 읽는 사람의 종자까지 따라서 끊게 되는 일은 없기"를 간절히 바랐습니다.

아들들과 편지를 주고받으면서 아버지 말을 제대로 실천하지 않으면, 귀양살이와서 겨우 목숨을 부지한 채 외롭고 불쌍하게 지내는 아비의 모습을 생각하라고 채근했습니다. 그리고 "밤낮으로 너희들에게 희망을 걸고 마음속에 담긴 뜨거운 마음을 쏟아 편지를 보내고 있는데, 너희들은 이것을 한번 얼핏 읽어보고 고리짝 속에 처넣고는 다시는 마음에 두지 않아서야 되겠느냐?"라고 다그쳤습니다. 특히, 정약용은 폐족으로서 잘 처신하는 방법으로 독서를 강조했습니다. 몇 대목을 함께 읽어보겠습니다.

너희들은 도(道)와 덕(德)이 완성되고 세워졌다고 여겨서 다시는 책을 읽지 않으려 하느냐. 금년 겨울에는 반드시 『서경』과 『예기』 중에서 아직 읽지 못한 부분을 다시 읽는 게 좋겠다. 또한 사서(四書)와 『사기』도 반드시 익숙하게 읽는 것이 옳다. 역사책을 읽고 자신의 견해를 적

는 사론(史論)은 그동안 몇 편이나 지었느냐? 근본을 두텁게 배양하기만 하고, 얄팍한 자기 지식은 마음속 깊이 감추어 두기를 간절히 바라고 바란다.

『기년아람』을 나도 처음에는 좋은 책이라 생각했는데 요즈음 자세히 읽어보니 소문처럼 좋지는 않더구나. 대충 내 생각을 이야기하자면 책을 지은 본래의 뜻이 해박하다는 것을 과시하고 자랑하려는 것이지 실용과 실리에 도움 주려는 데 있지 않고, 명료함이 부족하여 산만하기만 하더라.

정약용은 아들들에게 그저 "책을 읽어라."라고 충고하는 데 그치지 않았습니다. 구체적으로 읽어야 할 책을 정해주고, 비판적 독서의 중요성을 강조했습니다. 그리고 독서와 함께 책쓰기를 통한 공부를 추천했습니다. 자식들이 닭을 치고 있다는 얘기를 듣고는, 육우가 쓴 차에 관한 책 『다경(茶經)』이나 유득공이 쓴 담배에 관한 책 『연경(煙經)』처럼 닭에 대한 『계경(鷄經)』을 써보라고 권했습니다.

초서(鈔書)하는 방법은 반드시 먼저 자기 뜻을 정해 만들 책의 규모와 편목을 세운 뒤에 남의 책에서 간추려 내야 맥락에 묘미가 있게 된다. 만약 그 규모와 목차 외에도 꼭 뽑아야 할 곳이 있으면 별도로 책을 만들어 좋은 것이 있을 때마다 기록해 넣어야만 힘을 얻을 곳이 있게 된다. 고기 그물을 쳐놓으면 기러기란 놈도 걸리게 마련인데, 이를 어찌 버리겠느냐?

독서법을 가르치듯이 책 쓰는 법을 가르칠 때도 정약용은 구체적으로 '초서법'을 사용해서 책을 정리하라고 알려주었습니다. 정약용은 공부법뿐만 아니라 세상살이에 교훈이 되는 내용도 자식들에게 편지로 썼습니다. 우리에게도 시사점을 주는 내용입니다. 앞으로 '옳고 그름', '이익과 해로움'의 관점에서 자신이 하는 일을 평가해 보면 어떨까요?

천하에는 2가지 큰 기준이 있는데 옳고 그름의 기준이 그 하나요, 다른 하나는 이롭고 해로움에 관한 기준이다. 이 2가지 큰 기준에서 네 단계의 큰 등급이 나온다. 옳음을 고수하고 이익을 얻는 것이 가장 높은 단계이고, 둘째는 옳음을 고수하고도 해를 입는 경우다. 세 번째는 그름을 추종하고도 이익을 얻음이요, 마지막 가장 낮은 단계는 그름을 추종하고 해를 보는 경우다.

이번 장의 주제와 관련 있는 '롤모델'에 관한 편지도 있습니다. 정약용은 자신이 하고자 하는 일을 먼저 이루어 낸 롤모델을 먼저 정하고, 그 사람의 경지에 이르도록 노력하는 것이 중요하다고 이야기했습니다.

용기는 삼덕(三德)의 하나다. 성인이 사물을 제 뜻대로 움직이게 하고 천지를 다스리는 일은 모두 용기의 작용으로 인한 것이다. "순임금은 어떤 사람이냐? 나도 순임금처럼 될 수 있다."라고 공자의 제자 안

연(안회)이 말했는데, 무슨 일을 하려는 사람은 이처럼 용기가 있는 것이다. 경국제세(經國濟世)의 학문을 하고 싶을 때, "주공은 어떤 사람이냐?"라며 그분처럼 되려고 실천하기만 한다면 그렇게 될 것이다. 글씨를 잘 써서 이름을 날리고 싶으면 "왕희지나 왕헌지는 어떤 사람이냐?"로부터 시작하고, 부자가 되고프면 "도주나 의돈은 어떤 사람이냐?"라고 하면서 노력하면 된다. 무릇 한 가지 하고픈 일이 있다면 목표하는 사람을 한 명 정해놓고, 그 사람의 수준에 오르도록 노력하면 그런 경지에 이를 수 있으니, 이런 것은 모두 용기라는 덕목을 통해 할 수 있는 일이다.

마지막으로 『유배지에서 보낸 편지』에 나오는 글귀는 아니지만, 정약용이 쓴 '독소(獨笑)'라는 시를 소개하겠습니다. '홀로 웃는다.'라는 뜻의 시입니다. 삶을 달관한 정약용의 속마음이 느껴집니다. 정약용은 왜 그렇게 '나 홀로 웃었을지.' 가족과 함께 이야기를 나눠 보는 것도 좋겠습니다.

곡식이 많은 집에는 먹을 사람이 없고
아들 많은 집에서는 굶주릴까 시름하네.
높은 관직에 앉은 이는 어리석기만 한데
재주 있는 이는 재주를 펼 길이 없구나.
충만한 복을 다 갖춘 집은 드물고
지극한 도는 늘 더디기 마련이네.

공자께서 부모에게 말씀하셨다

아비가 절약하면 자식이 탕진하고
아내가 지혜롭다 싶으면 남편이 꼭 어리석네.
달이 가득 차면 구름이 자주 끼고
꽃이 활짝 피면 바람이 그 꽃을 떨구네.
무릇 세상만사가 모든 이런 것이니
나 홀로 웃는 이유를 아는 이 없다네.

※ 『논어』의 다른 구절을 읽고, '롤모델'에 대해 생각하고 이야기 나눠
봅시다.

공자께서 말씀하셨다. "만약 주공처럼 훌륭한 재주를 가지고 있다고 하
더라도, 교만하고 인색하다면 그 나머지는 볼 필요도 없다."

子曰 "如有周公之才之美, 使驕且吝, 其餘不足觀也已."
자왈 "여유주공지재지미, 사교차인, 기여부족관야이."

『논어』 「태백」 11장

공자께서 말씀하셨다. "어진 이를 보면 그와 같아질 것을 생각하고, 어
질지 못한 이를 보면 자신 또한 그렇지 않은지를 반성한다."

子曰 "見賢思齊焉, 見不賢而內自省也."
자왈 "견현사제언, 견불현이내자성야."

『논어』 「이인」 17장

13장

당신은 자녀를
존중합니까?

"모든 사람은 그 자체로 완전한 존재로서 존중된다.

다른 이의 존엄에 반대하고,

그를 단지 어떤 대외적인 목적을 위한 수단으로

사용하는 것은 범죄다."

- 임마누엘 칸트

자로가 여쭈었다. "환공이 공자 규를 죽이자 소홀은 (따라) 죽었지만, 관중은 죽지 않았습니다."

(또) 여쭈었다. "(관중이) 인(仁)하지 않은 것입니까?"

공자께서 말씀하셨다. "환공은 아홉 번이나 제후들을 규합하면서도, 군사력을 쓰지 않았는데 이는 관중의 힘이었다. (이와) 같으니 그는 인하다고 할 수 있겠지! (이와) 같으니 그는 인하다고 할 수 있겠지!"

子路曰 "桓公殺公子糾, 召忽死之, 管仲不死." 曰 "未仁乎?"

자로왈 "환공살공자규, 소홀사지, 관중불사." 왈 "미인호?"

子曰 "桓公九合諸侯, 不以兵車, 管仲之力也. 如其仁! 如其仁!"

자왈 "환공구합제후, 불이병거, 관중지력야. 여기인! 여기인!"

『논어』 「헌문」 16장

제환공을 패자(霸者)로 만든 관중

翻手作雲覆手雨　손바닥 뒤집으면 구름이요 엎으면 비가 되니
　번수작운복수우
紛紛輕薄何須數　이처럼 변덕스러운 무리들을 어찌 다 헤아리리오.
　분분경박하수수
君不見管鮑貧時交　그대 보지 못했는가, 관중과 포숙의 가난했을
　군불견관포빈시교　때의 사귐을
此道今人棄如土　요즈음 사람들은 이 도리를 흙같이 버리고 만다네.
　차도금인기여토

중국 최고의 시인으로 꼽히는 당나라 두보(杜甫)가 쓴 '빈교행(貧交行)'
이라는 시입니다. 관중(管仲)과 포숙(鮑叔)의 사귐 같은 우정의 도리를
흙같이 버리고 마는 세태를 한탄하고 있습니다. '관포지교(管鮑之交)'라
는 고사성어로 유명한 관중은 포숙에 대해 이렇게 말했습니다.

"일찍이 내가 가난할 때 포숙과 장사를 했는데, 내 몫의 이익을 많게 해
도 포숙은 나를 욕심쟁이라고 말하지 않았다. 내가 가난한 것을 알았
기 때문이다. 한 번은 내가 포숙을 대신해서 어떤 일을 경영하다가 실
패하여 그를 더욱 어렵게 만들었지만, 포숙은 나를 어리석다고 말하지
않았다. 시운이 좋을 때와 나쁠 때가 있음을 알았기 때문이다. 나는 세
번 벼슬길에 나섰다가 세 번 모두 군주에게 내쫓기고 말았으나, 포숙은

나를 무능하다고 말하지 않았다. 내가 아직 때를 만나지 못했음을 알았기 때문이다. 내가 싸움터에 나가 세 번 모두 패하고 도망쳤지만, 포숙은 나를 겁쟁이라고 비웃지 않았다. 내가 노모를 모시고 있다는 사실을 알았기 때문이다. 공자 규가 임금 자리를 놓고 벌인 싸움에서 졌을 때, (나와 함께 곁에서 규를 도운) 소홀(召忽)은 스스로 목숨을 끊었으나 나는 붙잡혀 굴욕스러운 몸이 되었다. 그러나 포숙은 나를 부끄러움도 모르는 사람이라고 여기지 않았다. 내가 자그마한 일에는 부끄러워하지 않지만 천하에 이름을 날리지 못하는 것을 부끄러워함을 알았기 때문이다. 나를 낳아준 이는 부모님이지만, 나를 알아준 이는 포숙이다 (生我者父母, 知我者鮑叔兒也)."

관중과 포숙이 살던 때 제나라의 왕은 양공(襄公)이었습니다. 양공에게는 두 동생이 있었는데, 공자 규(糾)와 공자 소백(小白)입니다. 관중은 공자 규를 모셨고, 포숙은 공자 소백을 보좌했습니다. 그런데 양공은 정치를 잘하지 못했습니다. 불안을 느낀 규는 관중과 함께 노나라로 망명했고, 규의 동생인 소백은 포숙과 함께 거나라로 망명했습니다. 이후 제 양공이 권력 쟁탈전 끝에 살해되자, 군주의 자리가 비었습니다.

공자 규와 소백은 왕위를 차지하기 위해 서둘러 귀국길에 올랐습니다. 규가 머무르던 노나라가 소백의 거나라보다 멀었기 때문에, 규가 불리한 입장이었습니다. 이에 관중은 군사를 거느리고 먼저 가서 소백의 앞길을 막으며 소백에게 화살을 쏘았습니다. 화살을 맞은 소백은 수레 안으로 쓰러졌습니다. 소백을 죽였다고 생각한 관중은 느긋하게 공자 규를 모시고 제나라로 향했습니다.

하지만 소백은 관중이 쏜 화살에 맞아 죽은 것이 아니었습니다. 화살이 마침 허리띠에 맞아 소백은 목숨을 구했고, 결국 제나라에 먼저 도착해서 군주의 자리를 차지했습니다. 이 공자 소백이 환공(桓公)입니다. 왕위를 다투었던 규는 자결하였고, 관중은 잡혀 와 죽을 위기에 처합니다. 이때 포숙이 나서서 제나라만 다스린다면 자신만으로 충분하지만, 천하의 패자가 되고자 한다면 관중이 필요하다고 환공에게 말했습니다. 결국 관중은 제환공의 재상이 되었고, 제환공을 '춘추오패(春秋五霸)'[10]의 첫 자리에 올려 중국 역사를 대표하는 명재상이 되었습니다.

그렇지만 제환공의 마지막은 비참했습니다. 관중이 병석에 눕자, 제환공은 역아(易牙), 수조(竪刁), 개방(開方) 등을 다음 재상으로 임명하는 게 어떠냐고 물었습니다. 이에 관중은 포숙을 추천하며 이렇게 말했습니다. "포숙은 너무 곧아서 모든 간신의 무리를 내치고 말 것입니다. 너무 깨끗한 물에는 고기가 살지 않는 법입니다. 그러니 포숙을 재상에 앉히신다면, 역아, 수조, 개방 등의 무리를 멀리하셔야 합니다."

융통성 있는 자신은 그들을 다룰 수 있지만, 포숙은 그러지 못하리라

---

10   춘추시대 제후들의 회맹에서 맹주가 된 다섯 명의 패자. 제나라 환공(桓公), 진나라 문공(文公), 초나라 장왕(莊王), 오나라 합려(闔閭), 월나라 구천(勾踐)을 가리킴.

는 것을 관중은 알았습니다. 하지만 제환공은 관중의 유언을 무시하고, 간신배들을 중용했습니다. 관중의 예언대로 포숙은 제환공을 볼 때마다 이들을 내칠 것을 간언하다가 화병으로 세상을 떠났습니다. 제환공은 역아, 개방, 수조를 재상에 임명했으나, 이들이 서로 권력 다툼을 벌이며 환공을 밀실에 감금해 버렸습니다. 환공은 아무도 없는 방에서 굶어 죽었고, 환공의 시신을 수습할 때는 구더기가 들끓었다고 합니다.

그럼, 공 선생님은 관중을 어떻게 평가했을까요? 앞서 소개한 『논어』 「헌문」 16장처럼 「헌문」 17장에서도 "관중이 환공을 도와 제후들의 우두머리로 만들고 단숨에 천하를 바로잡았으며, 백성들은 오늘날까지 그의 은혜를 입고 있다."라고 관중을 높이 평가하기도 했습니다. 하지만 「팔일」 3장에서는 "관중은 그릇이 작고, 검소하지 않았으며, 예를 알지 못했다."라고 저평가하기도 했습니다.[11]

이번 장에서는 『논어』 속 인물 중 관중에 대해 알아보았습니다. 관중이 후세에 이름을 남길 수 있었던 이유는 포숙이라는 친구가 있었기 때문입니다. 누군가 자신을 알아주고 존중해 주는 것보다 기쁜 일이 있을까요? 이번 장에서는 '존중'을 주제로 기시미 이치로와 고가 후미타케가 쓴 『미움받을 용기 2』를 함께 읽어보겠습니다.

---

11 『논어』 편찬 과정에 노나라 출신 학자와 제나라 출신 학자들이 섞여 있었기 때문이라고 보기도 함. 노나라 학자들은 관중을 저평가하려고 했고, 제나라 학자들은 반대로 긍정적으로 평가했다고 보기 때문임.

교육의 목표는 자립, 교육의 시작은 존중

만약 아이가 "친구네 집에 가서 놀아도 돼?"라고 묻는다면, 당신은 어떻게 대답합니까? "물론이지."라고 허락하는 부모도 있고, "숙제 다 하고 나서."라고 조건을 붙일 수도 있습니다. 또 때에 따라 놀러 가는 것 자체를 금지하는 부모도 있습니다.

기시미 이치로와 고가 후미타케가 함께 쓴 『미움받을 용기 2』는 전작인 『미움받을 용기』에 이어서 아들러 심리학을 알기 쉽게 설명한 책입니다. 그렇다면, 아들러[12]는 "친구네 집에 가서 놀아도 돼?"라는 질문에 어떻게 대답하는 것이 좋다고 했을까요?

아들러는 승낙하는 것, 조건을 붙여 허락하는 것, 그리고 금지하는 것, 모두 아이를 의존적이고 무책임하게 만드는 행위라고 이야기했습니다. 그럼 어떻게 대답하는 것이 좋을까요? "그런 건 스스로 결정해도 돼."라고 말하는 것이 바람직합니다. 본인의 인생은, 매일의 행동은 전부 스스로 결정하라고 가르치라는 것입니다. 그리고 아이가 결정하는 데 필요한 자료, 예를 들어 지식이나 경험이 필요하다고 하면 지원해 주면 됩니다.

---

12   오스트리아 출생의 정신의학자 겸 심리학자. 미래 지향적이고 긍정적 사고를 강조하는 '개인 심리학'을 창시함. 프로이트, 융과 함께 3대 심리학자로 불림. 프로이트의 원인론을 정면으로 부정하고, 사람은 현재의 '목적'을 위해 행동한다는 목적론을 내세움.

어떻습니까? 쉽지 않습니다. 아들러의 이야기를 계속 들어보겠습니다. 만약 부모가 아이의 판단력을 의심한다면, 그것은 아직 완전히 아이를 존중하지 않는다는 의미입니다. 진정한 존중이 있다면 아이가 모든 결정을 책임지도록 할 것입니다. 그런데, 걱정이 있습니다. 만약 아이가 자신의 선택으로 인해 돌이킬 수 없는 실패를 겪는다면 어떻게 해야 할까요? 하지만 그건 부모가 골라 준 길이라도 마찬가지 아닙니까? 아이들의 선택은 실패로 끝나고, 부모가 골라 준 길은 실패하지 않을 거라고 단정할 수는 없습니다.

아들러는 과제의 분리를 강조했습니다. 인생의 온갖 과제에 대해 '이것은 누구의 과제인가?'라는 관점에서 자신의 과제와 타인의 과제를 분리해서 생각하라는 것입니다. 타인의 과제에 개입하지도 말고, 자신의 과제에 타인을 개입시키지도 말라고 했습니다. 타인은 당신의 기대를 충족시키기 위해 사는 것이 아니며, 당신 또한 타인의 기대를 충족시키기 위해 사는 것이 아닙니다.

그럼, 어떤 과제가 누구 것인가를 확인하는 방법은 무엇일까요? 아들러가 제시한 답은 간단합니다. '그 선택이 가져온 결과를 최종적으로 받아들이는 사람은 누구인가?'가 기준입니다. 예를 들어, 아이가 공부를 게을리한다면, 부모는 아이의 장래를 걱정하며 야단을 칠 수 있습니다. 그러나 공부를 게을리하는 행위가 가져오는 결과를 최종적으로 받아들여야 하는 사람은 누구일까요? 그것은 바로 아이 자신입니다. 공부는 아이의 개인적인 과제이며, 부모가 개입할 문제는 아닙니다.

여기서 큰 의문이 생깁니다. 공부는 아이의 과제입니다. 부모는 아이의 과제에 개입해서는 안 됩니다. 그렇다면 교육이란 무엇일까요? 공부를 강요하는 부모와 교육자들은 아이의 과제에 함부로 침범하는 걸까요? 아들러가 말하는 과제의 분리를 단편적으로만 이해하면, 모든 교육은 타인의 과제에 개입하는 게 되어 부정적으로 여겨집니다.

아들러가 생각하는 교육의 목표는 자립입니다. 신체적인 성장뿐 아니라 사회적으로 자립하려면 아이들은 다양한 지식을 알아야만 합니다. 그래서 모르는 것에 대해서는 다른 사람들이 가르쳐줘야 합니다. 주변에 있는 사람들이 도와줘야 합니다. 즉, 교육이란 개입이 아니라 자립을 위한 지원입니다.

에리히 프롬은 "존중이란 인간의 모습을 있는 그대로 보고, 그 사람이 유일무이한 존재임을 아는 능력이다. 그리고 그 사람이 그 사람답게 성장하고 발전할 수 있게 배려하는 것이다."라고 했습니다. 눈앞의 타인을 바꾸려 하지 않고, 조종하려고 하지 않습니다. 어떠한 조건을 다는 것이 아니라, 있는 그대로 그 사람을 인정하는 존중이 교육의 시작입니다.

서로 존중하지 않는다면, 거기에는 인간으로서의 관계도 존재하지 않습니다. 부모들은 아이의 장래를 생각해서 더 유용한 것이나 가치가 있는 것(이라고 생각하는 것)을 주려고 합니다. 하지만 이것은 아이를 존중하지 않는, 아이와의 거리를 멀어지게 하는 행위입니다. 아이들의 자연스러운 관심을 부정하는 것입니다.

그렇다면 부모가 할 수 있는 일은 무엇일까요? 부모 쪽에서 뭔가 권하는 게 아니라, 그저 아이들의 관심사에 관심을 기울이는 것입니다. 예를 들어, 부모가 보기에 상대적으로 낮은 수준의 놀이라 할지라도, 일단은 그 놀이가 어떤 것인지 이해하고 함께 해보는 것이 좋습니다. 이렇게 함으로써 아이들은 자신들이 존중받고 있으며 어린아이로만 취급받지 않고, 한 인간으로서 존중받고 있다는 것을 실감합니다. 아이들만이 아닙니다. 이것은 모든 인간관계에 필요한 존중의 구체적인 첫걸음입니다. 우리는 타인의 관심사에 더 관심을 기울일 필요가 있습니다. 아들러는 이를 '공동체 감각(social interest)'이라고 말했습니다.

이와 비슷하게, 아들러는 부모가 아이들을 야단치거나 칭찬하지 말라고 했습니다. 우선 야단치는 방법에 대해 살펴보겠습니다. 야단치는 방법이 교육적으로 효과가 있다면, 처음에 몇 번 야단쳤을 때 문제 행동이 사라져야 합니다. 그러나 현실은 어떻습니까? 우리는 늘 야단을 치고 있지 않습니까? 혹시 말로 의사소통하는 것이 귀찮아서 더 편한 방법으로 야단을 치는 건 아닙니까? 분노와 폭력이 수반된 야단치는 방법에는 존중이 존재할 수 없습니다.

칭찬은 어떻습니까? 일반적으로 칭찬을 받는 것이 목적인 사람들이 모이면 그 공동체에서는 경쟁이 일어납니다. 남이 칭찬받으면 분해하고, 자신이 칭찬받으면 우쭐해집니다. 공동체는 서로 칭찬받으려는 경쟁 원리의 지배를 받습니다. 게다가 타인으로부터 인정받기를 바람으로 인해 어느새 타인의 요구와 희망에 맞춰 살게 됩니다. 인간은 누군가의 기대를 충족시키기 위해 사는 것이 아닙니다. 부모든, 다른 누구든 상관없이 자신의 기대를 충족시키는 삶의 방식을 택하는 것이 중요합니다.

자립이란 스스로 자신의 가치를 결정하는 것입니다. 부모가 할 수 있는 일은 아이들의 관심사에 관심을 기울이고, 아이들을 있는 그대로 존중하는 것입니다. 언제든 도와줄 준비가 되어 있다고 알려주되, 너무 가깝지 않은, 지원해 줄 수 있는 거리에서 지켜보는 것입니다. 비록 그 결정이 실패로 끝날지라도 아이들은 '내 인생은 나 스스로 선택할 수 있다.'라는 사실을 배울 수 있습니다.

※ 『논어』의 다른 구절을 읽고, '존중'에 대해 생각하고 이야기 나눠 봅시다.

진항이 백어(공자의 아들)에게 물었다. "당신은 (아버지로부터) 특별한 가르침을 들은 것이 있습니까?"

(백어가) 대답했다. "없습니다. 예전에 홀로 서 계실 때 제가 종종걸음으로 뜰을 지나가자, '시를 공부했느냐?'라고 하셔서 '아직 못했습니다.'라고 대답했습니다. (그랬더니) '시를 공부하지 않으면 말을 할 수 없다.'라고 하셨습니다. 저는 물러나 시를 공부했습니다. 다른 날 또 홀로 서 계시는데 제가 종종걸음으로 뜰을 지나가자 '예를 공부했느냐?'라고 물으셔서 '아직 못했습니다.'라고 대답했습니다. (그랬더니) '예를 공부하지 않으면 (남 앞에) 설 수가 없다.'라고 하셨습니다. 저는 물러나서 예를 공부했습니다. 이 2가지를 들었습니다."

진항은 물러나 기뻐하면서 말했다. "하나를 물어서 3가지를 알게 되었다. 시를 들었고, 예를 들었으며, 또 군자는 자기 자식에게 거리를 둔다는 것을 들었다."

『논어』 「계씨」 13장

공자께서 말씀하셨다. "남이 자기를 알아주지 않는 것을 근심하지 말고, (자기가) 남을 알지 못하는 것을 근심하라."

子曰 "不患人之不己知, 患不知人也."
자왈 "불환인지불기지, 환부지인야."

『논어』 「학이」 16장

14장

당신은 자녀의
사회성을 길러 줍니까?

"공손한 마음은 우리의 말과 태도에 의해

다른 사람들이 우리에게 만족하고

그들 스스로 흡족해지도록 바라는 것이다."

- 샤를 몽테스키외

공자께서 말씀하셨다. "안평중은 사람들과 잘 사귀어서, 오랜 시간이
지나도 (사람들은) 그를 공경한다."

子曰 "晏平仲善與人交, 久而敬之."
자왈 "안평중선여인교, 구이경지."

『논어』 「공야장」 16장

안영, 공자의 앞길을 가로막다

안영(晏嬰)은 제나라의 정치가이며, 자는 중(仲), 시호는 평(平)이기 때문에 안평중이라고도 불립니다. 안자(晏子)라고 높여 부르기도 합니다. 공 선생님과 동시대 사람입니다. 안영은 재상이 된 뒤에도 밥상에 고기 반찬을 2가지 이상 놓지 못하게 하고, 첩에게는 비단옷을 입지 못하게 했습니다. 이렇게 안영은 제나라 영공, 장공, 경공 3대에 걸쳐 몸소 검소하게 생활하며 나라를 바르게 이끌어 후대까지 존경받았습니다.

사마천은 『사기』 「관안열전」에서 "안자는 제나라 장공이 대부 최저의 반역으로 죽었을 때, 그 시신 앞에 엎드려 소리 높여 울고 군신의 예를 다하고 떠났다. 이것을 어찌 '정의를 보고도 실천하지 않은 용기 없는 행동'이라고 할 수 있겠는가? 그러나 왕에게 간언할 때는 왕의 얼굴빛에 조금도 구애받지 않았으니, 이것은 '나아가서는 충성을 다할 것을 생각하고 물러나서는 허물을 보충할 것을 생각한다.'라는 마음가짐이었으리라. 오늘날 안자가 살아 있다면 나는 그를 위해 채찍을 드는 마부가 되어도 좋을 만큼 흠모한다."라고 안영을 극찬했습니다.

그럼 『안자춘추』에 나오는 몇 가지 일화를 통해 안영의 면모를 살펴보겠습니다. 마침 사마천이 원했던 '안자의 마부'와 관련한 이야기가 있습니다. 안영이 밖으로 나가려 할 때 마부의 아내가 문틈으로 자기 남편을 엿보았습니다. 그녀의 남편은 안영의 마부인데 큰 차양을 받쳐 들고, 말네 필에 채찍질을 하면서 의기양양 자못 만족스러운 표정이었습니다. 시간이 지나 마부가 돌아오자, 아내는 헤어지자고 요구했습니다. 마부가 까닭을 묻자, 아내는 이렇게 대답했습니다.

"안자라는 분은 키가 여섯 자도 채 못 되는데 몸은 제나라 재상이 되어 제후들에게 이름을 떨치고 있습니다. 오늘 제가 그분이 외출하는 모습을 살펴보니 품은 뜻이 깊고 늘 자신을 낮추는 겸손한 태도가 있었습니다. 그런데 지금 당신은 키는 여덟 자나 되건만 겨우 남의 마부 노릇을 하면서도 아주 의기양양해 하고 있습니다. 이것이 소첩이 헤어지자고 하는 까닭입니다."

아내의 말을 들은 마부는 뉘우치며 말했습니다. "내가 잘못했소. 앞으로는 분수에 맞게 겸손해지겠소." 이후 마부는 늘 겸손한 태도를 보였습니다. 마부의 태도가 변한 걸 이상하게 여긴 안영이 묻자, 마부는 사실대로 고백했습니다. 그리고 안영은 자기 잘못을 뉘우친 마부를 대부로 천거했습니다. 의기양양(意氣揚揚), 우쭐거리며 뽐내는 모습을 표현한 고사성어는 이 이야기에서 나온 말입니다.

안영은 빼어난 재치를 갖고 있어서 외교술에도 능했습니다. 안영이 초나라에 사신으로 갔을 때, 초영왕(楚靈王)은 천하에 명성이 높은 안영의 기를 눌러 주고 싶었습니다. 영왕은 안영을 접견하자 물었습니다. "제나라에는 인재가 그렇게 없는가? 어찌하여 그대와 같이 작은 사람을 초나라에 사신으로 보냈는가?"

안영이 이 말을 듣고 대답했습니다. "저희 제나라에는 사람들이 많습니다. 그러니 어찌 인재가 없을 수 있겠습니까. 다만 저희 나라에는 한 가지 규칙이 있습니다. 사신을 파견할 때 현자(賢者)는 현명한 나라에 파견하고, 불현자(不賢者)는 현명하지 못한 나라에 파견하며, 대인은 대국에 파견하고, 소인은 소국에 파견합니다. 지금 저는 무능하고 부덕하면서 또한 가장 현명하지 못하기 때문에 초나라로 파견될 수밖에 없었으니, 대왕께서 이를 양해해 주시기 바랍니다." 안영의 대답을 들은 영왕은 할 말을 잃을 수밖에 없었습니다.

안영은 군주에게 간언하는 데도 뛰어났습니다. 관련 일화를 하나 소개하겠습니다. 하루는 경공의 애마가 갑자기 죽어버렸습니다. 제경공은 몹시 화가 나서 마구간지기를 당장 죽이라고 명령했습니다. 안영이 만류하자, 제경공은 마구간지기를 사형 대신 옥에 가두라고 지시했습니다. 이때, 안영이 다시 나섰습니다.

"이대로 하옥시키면 죄인은 자신의 죄를 모를 터이니, 신이 그 죄목을 알게 해주겠습니다."라며 안영은 죄인을 꾸짖기 시작했습니다. "너는 죽을죄를 3가지나 저질렀다. 첫째는 말을 돌볼 책임을 다하지 못했고, 둘째는 임금이 사랑하는 말을 죽게 했다. 셋째는 말 한 마리 때문에 임금으로 하여금 사람을 죽이게 하였다. 사람들이 이 일을 알게 되면 임금님을 비난할 것이고, 또 제후들이 알게 되면 우리나라를 멸시할 것이다. 이와 같은 죄 때문에 너는 하옥되는 것이다."

이 말을 듣고 제경공은 어떻게 했을까요? 결국 제경공은 마구간지기의 하옥을 보류했습니다. 이 이야기를 들은 공 선생님은 제자들에게 "안자는 마구간지기의 생명을 살렸을 뿐 아니라, 그보다 더 훌륭한 것은 임금으로 하여금 덕을 잃지 않게 한 것이었다."라고 말했습니다.

공 선생님은 뜻을 펼치고자 노나라를 떠나 제나라를 방문한 적이 있습니다. 이때 제경공이 정치에 관하여 묻자, 공 선생님은 "임금은 임금답고, 신하는 신하다우며, 아버지는 아버지답고, 아들은 아들다워야 합니다.(『논어』「안연」11장)"라고 대답했습니다. 경공은 공 선생님과의 문답이 만족스러웠지만, 안영은 공 선생님에게 호의적이지 않았습니다. 공 선생님을 현인으로 인정하면서도, 어떻게 바라보았는지 다음과 같은 말에 잘 나타납니다.

"무릇 유학자는 말재간이 있고 융통성을 잘 부려 법으로 규제할 수 없습니다. 거만하고 제멋대로 하는 까닭에 아랫사람으로 두기 어렵습니다. 또 상례를 중시해 슬픔을 다한다며 파산까지 아랑곳하지 않고 큰 장례를 치르는 까닭에 이들의 예법을 풍속으로 삼기 어렵습니다. 도처에 유세를 다니며 관직이나 후한 녹을 바라는 까닭에 나라의 정사를 맡길 도성이 없습니다. 현자가 사라진 이후 주나라 왕실이 쇠미해졌습니

다. 예악이 붕괴된 지 이미 오래됐습니다. 지금 공 선생님은 용모를 성대히 꾸미고 의례절차를 번거롭게 하고 세세한 행동규범을 강조하고 있습니다. 이는 몇 세대를 배워도 다 배울 수 없으며 평생을 다해도 그 예를 터득할 수 없습니다. 군주가 그를 채용해 제나라의 풍속을 바꾸고자 하면 이는 백성을 다스리는 좋은 방법이 아닙니다. (『사기』「공자세가」)"

결국 공 선생님은 안영의 반대 때문에 제나라에 자리 잡지 못하고 다시 떠났습니다. 그렇지만 『사기』「중니제자열전」에서 사마천은 "공자가 존경한 인물로는 주의 노자, 위의 거백옥, 제의 안평중, 초의 노래자 등이다."라고 기록했습니다. 그리고 공 선생님은 『논어』「공야장」 16장에서도 "안평중은 사람들과 잘 사귀어서, 오랜 시간이 지나도 (사람들은) 그를 공경한다."라고 안영을 높이 평가하고 있습니다. 이번 장에서는 안영처럼 '사람을 잘 사귈 수 있는' 사회성을 주제로 이영애가 쓴 『아이의 사회성』을 함께 읽어보겠습니다.

부모는 사회성 발달의 출발점

올바른 사회성은 다양한 영역에서 조화롭게 발전해야 합니다. 사회성은 사회의 기준에 맞게 행동하고, 성격이 원만하며 남과 충돌 없이 지내고, 다른 사람과 쉽게 사귀며, 집단생활과 사회적 활동을 즐김으로써 나타납니다. 사회성 발달은 아이들이 사람들 속에서 관계를 맺고 사랑을 주고받을 수 있도록 도와주며, 그렇지 않을 경우 아이들은 고통을 느낄 수 있습니다. 사회성 문제는 갑자기 나타나는 것이 아닙니다. 영유아기부터 아동기까지 아이들이 특정한 특성을 보이면서 사람들과 관계를 맺기 어려워한다면, 부모가 적절한 도움을 제공해야 합니다.

다행히도 사회성은 선천적인 것이 아닙니다. 사회성 발달의 출발점은 어디일까요? 그것은 바로 부모입니다. 아이들은 부모와의 상호작용을 통해 관계 형성과 유지의 기술을 배우고, 이러한 기술을 다른 사람들과의 상호작용에 적용합니다. 이영애는 사회성 발달을 6가지 핵심 키워드로 설명합니다. 지금부터 하나씩 살펴보겠습니다.

첫 번째 키워드는 기질입니다. 기질은 개인의 정서성, 활동성, 사회성에 영향을 미치는 성격의 한 측면으로, 태어나면서부터 나타나는 특성입니다. 1950년대에 아동 전문가들은 아이들의 부적응 문제를 부모 자녀 관계나 환경만으로 설명하기에는 한계가 있다고 판단했습니다. 1956년에 소아과 의사인 토마스와 체스는 아이들의 기질을 순한 아이, 까다로운 아이, 반응이 느린 아이 3가지 유형으로 구분했습니다.

아이의 성격 형성이 제대로 되기 위해서는 기질과 환경이 조화롭게 상호작용해야 합니다. 단지 순한 아이가 좋은 성격과 사회성을 갖는 것은 아닙니다. 순한 아이일 경우, 엄마가 너무 믿고 방치하거나 무관심한 태도를 보여 오히려 방임되는 경우가 있습니다. 한편 까다로운 아이는 엄마가 민감하게 대응하고 잘 보살피면서 안정된 성격을 갖출 수 있습니다.

두 번째 키워드는 애착입니다. 세상에 막 태어난 아이에게 가장 중요한 것은 무엇일까요? 바로 애착 관계를 만드는 것입니다. 아이가 자신을 보살피는 사람에게 정서적 유대감을 느끼고 좋은 관계를 맺는 것이 애착입니다. 애착은 아이의 여러 가지 발달에 중요하게 영향을 미치며, 특히 사회성 발달에 큰 영향력을 발휘합니다.

한 실험 결과를 소개하겠습니다. 세 달 된 영아에게 엄마의 웃는 표정을 보여줬을 때, 영아는 미소로 응답했습니다. 반면에 엄마가 차가운 표정을 보여주자, 영아의 얼굴은 서서히 굳어지더니 결국 울음을 터뜨렸습니다. 이 실험을 통해 생후 세 달된 영아도 다른 사람의 감정에 민감하게 반응하며 소통한다는 것을 알 수 있습니다.

만일 양육자가 아이의 감정을 파악하지 못하고 일관성 없는 태도를 보이면, 아이는 혼자서 고통스럽습니다. 이런 환경에서 성장한 아이들은 자기 조절 능력에 어려움을 겪을 가능성이 높습니다. 그러나 엄마가 일관성 있고 안정된 반응을 보여준다면, 아이는 엄마의 행동을 예측할 수 있어서 안정적인 상호작용을 할 수 있습니다. 부모와 안정된 애착 관계를 만든 아이는 부모뿐만 아니라 다른 사람들과도 건강한 관계를 맺습니다.

세 번째 키워드는 정서지능입니다. 다니엘 골먼은 지능이 높더라도 사회적으로 성공하지 못한 사람과 낮은 지능을 가진 사람 중에서도 성공적인 삶을 살아가는 경우를 설명하기 위해 정서지능이라는 개념을 소개했습니다. 그는 정서지능을 자신과 타인의 감정을 인식하고 타인과의 관계 속에서 감정을 효과적으로 다루는 능력이라고 정의했습니다. 또한 자기 인식 능력, 자기 관리 능력, 사회적 인식 능력, 그리고 관계 관리 능력 등 4가지로 구분했습니다.

정서지능은 감정을 적절히 조절해 제 역할을 할 수 있게 만드는 능력으로, 아이의 사회성 발달에 중대한 영향을 미칩니다. 높은 정서지능을 가진 아이는 자신의 감정을 효과적으로 조절하며 다른 사람의 감정을 이해하고 적절히 반응합니다. 아이들과의 관계도 원만할 수밖에 없습니다. 정서지능이 제대로 발달하기 위해서는 부모가 아이의 감정을 잘 알아주고 위로해 주고 조절해 주는 역할을 해야 합니다.

네 번째 키워드는 자기조절입니다. 월터 미셸은 4세 아이들을 대상으로 '마시멜로 실험'을 수행했습니다. 미셸은 아이들에게 그들이 좋아하는 마시멜로를 주었는데, 당장 먹어도 되지만 자신이 돌아올 때까지 15분 동안 참으면 두 개 더 받을 수 있다고 약속했습니다. 실험에 참여한 아이들은 맛있는 마시멜로가 눈앞에 놓여 있는데도 즉시 먹을 것인지, 아니면 참고 두 개 더 받을 것인지를 결정해야 했습니다.

이 실험에는 아이들 약 600명이 참가했습니다. 이 중 3분의 1은 15분을 참고 기다렸으며, 나머지 3분의 2는 즉시 마시멜로를 먹었습니다. 시간이 흐른 후, 월터 미셸은 이들이 18세가 되었을 때 다시 인터뷰를 진행했습니다. 조사 결과, 눈앞의 즉각적인 만족을 미루고 15분을 참아낸 아이들은 마시멜로를 즉시 먹은 아이들에 비해 스트레스에 대처하는 능력이 뛰어나며 자신감도 컸습니다. 이들은 SAT(미국 대학 수능 시험)의 언어와 수학 과목에서 210점 이상 높은 점수를 기록했습니다.

이 실험은 아이들의 '만족지연 능력'을 측정했습니다. 이러한 자기조절 능력은 목표에 맞게 활동을 지연시키고, 다른 사람의 지시나 개입 없이도 사회적으로 수용되는 행동을 취할 수 있는 능력입니다. 당연히 자기조절 능력이 뛰어난 사람은 갈등이 발생해도 조화롭게 해결해 나갈 수 있습니다.

자녀의 자기조절 능력을 향상시키기 위해서 부모는 몇 가지 사항을 주의해야 합니다. 부모는 아이의 모든 요구를 충족시켜 주어서도 안 되고, 너무 엄격하게 통제하는 것도 피해야 합니다. 대신에 부모는 큰 울타리를 제공하고, 아이가 안전한 가이드라인 안에서 자유롭게 자기의 의지를 표현하고 행동할 수 있도록 지도해야 합니다. 이러한 상황에서 아이는 적절한 좌절을 경험하며, 어떤 것은 포기하고 자신이 할 수 있는 것에 최선을 다합니다.

다섯 번째 키워드는 자존감입니다. 자존감은 스스로 존중하는 힘으로, 보통 자기 가치감, 유능감, 그리고 자신에 대한 호감으로 나뉩니다. 자기 가치감은 '나는 사랑받기 위해 태어났으며, 나 자체로 충분히 가치 있다.' 라는 존재에 대한 확신입니다. 이런 확신을 가진 아이들은 어떤 어려운 상황이 와도 자신을 무가치하고 형편없는 존재로 생각하지 않습니다.

유능감은 어떤 어려운 일이든 해결할 수 있는 능력이 자신에게 있다는 믿음입니다. 마지막으로, 자신에 대한 호감은 지금 당장 어떤 일을 해내지 못하고 어려움을 겪고 있어도 자신에 대해 실망하지 않는 마음입니다. 자신에 대한 호감이 강한 아이들은 오히려 어려운 때일수록 자기 자신에 대해 깊은 신뢰감을 보입니다.

자신을 바라보는 관점이 왜곡되면 다른 사람을 바라보는 시각도 어긋납니다. 가진 것이 많지 않고, 성공하지 않은 사람은 존중하기 어렵습니다. 또 자신보다 나은 사람을 보면 질투와 시기로 마음이 지옥이 되어버립니다. 이런 식으로 사람들을 나보다 못 가져 무시해도 되는 사람과 나보다 더 많이 가져 질투해야 하는 사람으로 나누다 보면 모든 사람과 긍정적인 관계를 유지하기 어렵습니다. 진정한 관계를 맺으려면 자존감이 제대로 형성되어야 합니다.

마지막 키워드는 도덕성입니다. 도덕성은 사람들이 함께 어울려 살아가며 각자 책임감 있게 행동하고 규칙을 준수하는 마음가짐입니다. 도덕성이 발달한 사람은 다른 사람에게 칭찬을 받거나 어떤 보상을 받기 위해서 규칙을 억지로 지키지 않습니다. 그 대신에 내적 기준이나 원칙에 따라 자기 행동을 조절하고 통제합니다. 또한 자신의 이익보다는 속한 집단의 이익을 먼저 고려하여 행동합니다.

도덕성은 제대로 된 삶을 살게 해주는 능력으로, 사회성과 밀접한 관련이 있는 기본 가치입니다. 따라서 건강하고 올바른 사회성을 아이에게 심어주기 위해서는 먼저 도덕성에 중점을 두어야 합니다. 아리스토텔레스는 "품성의 차이는 어떤 습관을 갖느냐에 따라 달라진다."라고 말했습니다. 유아기 및 아동기에는 아직 도덕적인 추론을 복잡하게 수행할 수 있는 능력이 없습니다. 그러나 부모는 도덕성이 습관이 되도록 꾸준한 교육을 통해 아이를 가르쳐야 합니다.

※ 『논어』의 다른 구절을 읽고, '사회성'에 대해 생각하고 이야기 나눠
봅시다.

공자께서 말씀하셨다. "젊은이들은 집에 들어가서는 부모님께 효도하
고 나가서는 어른들을 공경하며, 말과 행동을 삼가고 신의를 지키며, 널
리 사람들을 사랑하되 어진 사람과 가까이 지내야 한다. 이렇게 행하고
서 남은 힘이 있으면 그 힘으로 글을 배우는 것이다."

子曰 "弟子, 入則孝, 出則弟, 謹而信, 汎愛衆而親仁. 行有餘力,
자왈 "제자, 입즉효, 출즉제, 근이신, 범애중이친인. 행유여력,

則而學文."
즉이학문."

『논어』 「학이」 6장

3부

공자의 삶을 따라가며
자녀 교육의 길을 찾는다

너는 그 어떤 세상의
꽃보다도 예쁜 꽃이다
너의 음성은 그 어떤 세상의
새소리보다도 고운 음악이다

너를 세상에 있게 한 신에게
감사한 까닭이다

- 나태주 「까닭」 중에서

15장

당신의 자녀는
'하고 싶은 일'을 찾았습니까?

"만약 어디로 가고 있는지 알지 못한다면
엉뚱한 곳에 닿게 된다."

- 요기 베라

공자께서 말씀하셨다. "나는 열다섯 살에 학문에 뜻을 두었고, 서른 살에는 우뚝 섰으며, 마흔 살에는 미혹됨이 없었고, 쉰 살에는 천명을 알았고, 예순 살에는 귀가 순해졌고, 일흔 살에는 마음 가는 대로 따라 해도 법도에 어긋남이 없었다."

子曰 "吾十有五而志于學, 三十而立, 四十而不惑, 五十而知天命,
자왈 "오십유오이지우학,   삼십이립,   사십이불혹,   오십이지천명,

六十而耳順, 七十而從心所欲, 不踰矩."
육십이이순,   칠십이종심소욕, 불유구."

『논어』 「위정」 4장

　공자께서 부모에게 말씀하셨다

공자, 학문에 뜻을 두다(志于學)

이 장에서는 공 선생님의 출생부터 20대까지의 삶을 알아보겠습니다. 그전에 먼저 공 선생님의 조상에 대해 살펴보겠습니다. 『예기』「단궁상」에 이런 기록이 있습니다. "나(공자)는 은나라 사람이다." 『사기』「공자세가」에도 "공구(孔丘)는 성인의 후손이다. 그 조상은 송나라에 있을 때 멸망당했다. 그의 조상 불보하(弗父何)는 원래 송나라의 후계자였으나 아우 송여공(宋厲公)에게 양보했다."라고 기록되어 있습니다.

이를 통해 공 선생님의 조상은 은나라를 이은 송나라 사람이라는 걸 알 수 있습니다. 공 선생님은 송나라 개국시조인 미자의 후손인데, 이후 불보하가 왕위를 양보하면서 귀족 가문이 되었습니다. 또한 공 선생님의 5대조인 목금보가 노나라로 망명하면서 사(士) 계급으로 떨어졌습니다.

사마천은 『사기』「공자세가」에서 "숙량흘(叔梁紇)과 안씨(안징재)가 야합(野合)해 공자를 낳았다."라고 기록했습니다. 숙량흘은 노나라 추(陬) 지역의 읍재를 지냈고, 용력이 매우 뛰어났습니다. 한 가지 일화를 들어보면, 숙량흘이 쉰다섯 살 때의 일입니다. 진(晉)나라가 여러 제후로 구성된 연합군을 이끌고 핍양을 공격할 때, 숙량흘도 노나라 군사를 이끌고 참전했습니다. 핍양의 수비군은 일부러 성문을 열어 연합군을 유인해서 포위하려 했는데, 숙량흘이 홀로 성문을 잡고 버텨서 아군이 모두 퇴각할 수 있었습니다.

숙량흘은 본부인인 시씨와의 사이에서 딸만 아홉을 두었고, 첩을 통해 맹피(孟皮)라는 아들을 얻었지만 절름발이였습니다. 무인이었던 숙량흘은 건강한 아들을 원했고, 70세가 넘는 나이에 16세의 안징재를 아내로 맞아 공자를 낳았습니다. 사마천이 '야합(野合)'이라는 표현을 쓴 것에 대해 여러 가지 설이 있지만, 아무튼 정상적인 혼인 관계는 아니었습니다.

공자의 이름은 공구(孔丘)입니다. "니구산(尼丘山)에서 기도한 후 공자를 얻게 됐다. 노양공(魯襄公) 22년에 공자가 태어났다. 그가 태어났을 때 머리 중간이 움푹 패어 있었기에 이름을 구(丘)라고 했다. 자는 중니(仲尼)이며 성은 공씨(孔氏)이다."라는 기록이 있어, 공자 이름의 유래를 알 수 있습니다. 니구산에서 기도한 후 잉태했기 때문에, 이름을 '구(丘)', 자를 '니(尼)'로 했습니다. 또한 머리 모양이 언덕 모양을 닮아 '언덕 구(丘)'라 하기도 했습니다.

서기전 549년, 공자가 세 살 때 숙량흘은 세상을 떠났습니다. 아버지가 세상을 떠나면서 공 선생님 집안은 가세가 크게 기울기 시작했습니다. 앞서 얘기한 것처럼, 숙량흘은 사(士)의 신분이었기 때문에 녹봉 외에는 고정 수입원이 없었고, 남은 가족은 경제적으로 어려웠습니다. 공자 나이 열일곱이 되었을 때, 어머니마저 세상을 떠나 공 선생님은 고아가 되고 말았습니다.

"공 선생님은 어려서 소꿉장난할 때 늘 제기(祭器)를 펼쳐놓고 예를 올렸다.(『사기』 「공자세가」)" 청나라 정환이 쓴 『공자세가고』에도 "공자 어머니는 제기를 사서 공자가 가지고 놀도록 했다."라는 기록이 있습니다. 공 선생님이 어렸을 때부터 제기를 갖고 놀도록 한 걸 보면, 공 선생님의 어머니는 자녀 교육에서 동기유발의 중요성을 잘 알고 있었던 것 같습니다. 그래서 공 선생님은 자연스럽게 예악의 전문가로 성장할 수 있었습니다.

어머니 상중에는 이런 일도 있었습니다. 당시 국정을 장악하고 있던 계평자는 노나라의 모든 '사(士)' 계층을 연회에 초청했습니다. 17세의 공 선생님은 어쩔 수 없이 상복을 입고 연회에 참석했지만, 계평자의 가신인 양화(陽貨)에 의해 내쫓기고 말았습니다. 공 선생님의 '사' 신분마저도 흔들렸습니다. 이후 모친상을 모두 마친 공 선생님은 고향과 같은 송나라로 떠났고, 기관씨(亓官氏)의 딸을 만나 혼례를 치렀습니다.

노나라로 돌아온 공 선생님은 스무 살이 되었을 때 아들을 낳았습니다. 노나라 왕 소공(昭公)은 공자가 아들을 낳았다는 소식을 듣고 큰 잉어 한 마리를 선물로 보냈습니다. 그래서 공 선생님은 아들의 이름을 리(鯉, 잉어)로 정하고 자는 백어(伯魚)라고 했습니다. 열일곱에는 가신도 무시할 정도였는데, 불과 3년 만에 제후국의 왕으로부터 선물을 받을 정도가 되었습니다. 이 사이에 무슨 일이 있었던 걸까요? 공자가 3년 만에 군주의 인정을 받을 수 있었던 이유는, 공자가 학문에서 뛰어난 성취를 이루었기 때문입니다.

그리고 그 시작은 『논어』 「위정」 4장에 나오듯이 열다섯 살에 학문에 뜻을 두었기 때문입니다. 가난하고 비천하여 계씨 집안의 창고지기나 축사지기 노릇을 하면서도 학문에 '뜻을 두어' 공부에 매진했습니다. 이번 장에서는 '진로'를 주제로 야기 짐페이가 쓴 『세상에서 가장 쉬운 '하고 싶은 일' 찾는 법』을 함께 읽어보겠습니다.

세상에서 가장 쉬운 '하고 싶은 일' 찾는 법

흔히 부모들은 자녀에게 "너는 커서 뭐가 되고 싶니?"라고 묻곤 합니다. 그러나 『세상에서 가장 쉬운 '하고 싶은 일' 찾는 법』의 저자는 이러한 질문은 적절하지 않다고 주장합니다. 저자는 자신이 원하는 일을 찾기 위해서는 우선 자기를 이해하는 과정을 거쳐야 한다고 말했습니다. 그렇다면, 어떻게 해야 나 자신을 이해하고 내가 추구하는 일을 발견할 수 있을까요?

야기 짐페이는 '하고 싶은 일'을 찾기 위한 자기 이해의 핵심 요소로 좋아하는 것(열정), 잘하는 것(재능), 소중한 것(가치관)을 강조합니다. 먼저, '좋아하는 것'은 열정이 있는 분야입니다. 예를 들면, 심리학, 환경문제, 패션, 의료, 로봇, 디자인 등입니다. 이 요소는 자신이 흥미를 느끼고 열정을 쏟고 싶은 분야를 나타내며, 개인의 취향과 관심사를 기반으로 합니다.

공자께서 부모에게 말씀하셨다

두 번째, '잘하는 것'은 자연스럽게 남들보다 잘할 수 있고, 힘들지 않고 기분 좋게 할 수 있는 일을 의미합니다. 이는 재능이라고도 볼 수 있습니다. 예를 들면, 상대방의 입장에서 생각하기, 다른 사람과의 경쟁하기, 정보 모으기 등이 잘하는 것에 해당합니다.

그런데 잘하는 것과 스킬 또는 지식을 혼동해서는 안 됩니다. 이 두 가지는 비슷한 면이 있어도 근본적으로 다릅니다. 잘하는 것은 '리스크를 내다볼 수 있다.', '타인의 기분을 잘 파악한다.'와 같은 특성을 의미하며, 스킬이나 지식은 '영어를 잘한다.', '프로그래밍을 할 수 있다.'와 같은 구체적인 능력이나 지식을 나타냅니다. 다시 말해, 잘하는 것은 한 번 습득한 능력이 다양한 직업에 적용될 수 있는 데 반해, 스킬이나 지식은 특정한 분야나 직업에 한정적으로 활용됩니다.

2가지 중에서 더 중요한 것은 잘하는 것입니다. 한 번 습득한 능력은 시대가 변해도 계속해서 활용할 수 있기 때문입니다. 반면에 스킬이나 지식은 필요하지만, 시대의 변화에 따라 유효성이 감소할 수 있습니다. 스킬이나 지식은 자신이 원하는 목표를 실현하기 위한 도구일 뿐이기 때문에, 실제로 하고 싶은 일을 찾은 후 필요할 때 적절한 스킬이나 지식을 익히면 됩니다.

자기 이해 방식의 마지막 요소는 '소중한 것'이며, 이는 가치관이라고도 할 수 있습니다. 예를 들면 '자유롭게 살고 싶다.', '다른 사람에게 베풀며 살고 싶다.' 등이 소중한 것에 해당합니다. 소중한 것은 어떤 특정한 행동이 아니라 상태를 의미합니다. '좋아하는 것 × 잘하는 것'이라는 행동에 '소중한 것'이라는 상태가 결합해야 비로소 '진짜로 하고 싶은 일'이 됩니다.

아무리 하고 싶은 일을 하고 있더라도 날마다 야근의 연속이라 내 시간이 부족하면, 그 방식은 자신에게 적합하지 않을 수 있습니다. 소중한 것이 충족되지 않았기 때문입니다. 시간적인 여유를 가지고 가족과 함께 저녁 시간을 누리고 싶은데, 매일같이 야근한다면 그 사람은 불행할 것입니다.

또한 소중한 것은 자기 내면으로 향하는 경우와 타인 및 사회와 같은 외부로 향하는 경우로 나뉩니다. 소중한 것이 자기 내면으로 향하면 인생의 목적이 정해지고, 타인 및 사회와 같은 외부로 향하면 일의 목적이 결정됩니다. 일의 목적은 매우 중요합니다. 다른 사람에게 기여하고 있다는 공헌감은 일에 대한 큰 동기부여 요소입니다.

이제 3가지 요소를 한데 모으면, 하나의 공식이 만들어집니다.

좋아하는 것(열정) × 　잘하는 것(재능) × 　소중한 것(가치관) = 　진짜로 하고 싶은 일
　　 What 　　　　　　　 How 　　　　　　　 Why

예를 들어보면,

좋아하는 것	잘하는 것	소중한 것	진짜로 하고 싶은 일
역사	공부하고 요약한다.	배워서 남 주는 보람을 느낌	배워서 남 주는 보람을 느끼고 싶으니까, 역사를 공부하고 요약해서 다른 사람에게 전한다.

3가지 중에서 가장 먼저 찾아야 할 요소는 '소중한 것'입니다. 처음에 자신이 어떤 가치관을 추구하는지 고민하고, 그에 따라 어떤 상태를 소중히 여기는지 파악하는 것이 중요합니다. 다음으로 '잘하는 것'을 찾아내고, 마지막으로 '좋아하는 것'을 고려하여 이를 조합하는 것이 좋습니다. 자신다운 삶을 살 수 있는 가치관이 무엇인지를 먼저 고민하고, 자신이 잘할 수 있는 분야를 찾은 후에 좋아하는 분야와 결합하는 것입니다.

만약 '소중한 것', '잘하는 것', '좋아하는 것'을 생각하기 어렵다면, 『세상에서 가장 쉬운 '하고 싶은 일' 찾는 법』에 나오는 요소별 질문들이 도움이 될 것입니다. 공 선생님이 학문에 뜻을 두고 평생을 공부에 매진한 것처럼, 당신 자녀가 '진짜로 하고 싶은 일'을 찾을 수 있도록 함께 이야기 나눠 봅시다.

※ 『논어』의 다른 구절을 읽고, '진로'에 대해 생각하고 이야기 나눠 봅시다.

안연과 계로(자로)가 공자를 모시고 있을 때 공자께서 말씀하셨다. "각자 자신의 포부를 한번 말해보지 않겠느냐?"

자로가 말씀드렸다. "수레와 말과 옷과 가죽옷을 벗들과 함께 쓰다가 그것들을 망가지게 하더라도 섭섭해하지 않았으면 합니다."

안연이 말씀드렸다. "잘하는 것을 자랑하지 않고 공로를 과시함이 없도록 하고자 합니다."

자로가 말씀드렸다. "선생님의 포부를 듣고자 합니다."

공자께서 말씀하셨다. "노인을 편안하게 해주고, 벗들에게는 믿음을 주고, 젊은이들을 감싸 보살펴 주고자 한다."

顔淵季路侍. 子曰 "盍各言爾志?"
안연계로시.   자왈 "합각언이지?"

子路曰 "願車馬衣輕裘與朋友共, 敝之而無憾."
자로왈 "원거마의경구여붕우공,   폐지이무감."

顔淵曰 "願無伐善, 無施勞."
안연왈 "원무벌선, 무시로."

子路曰 "願聞子之志."
자로왈 "원문자지지."

子曰 "老者安之, 朋友信之, 少者懷之."
자왈 "노자안지, 붕우신지, 소자회지."

『논어』 「공야장」 26장

16장

당신의 자녀는
배움을 즐깁니까?

"세상은 강자와 약자, 또는 승자와 패자로 구분되지 않는다.
다만 배우려는 자와 배우지 않으려는 자로 나뉠 뿐이다."

- 벤자민 바버

공자께서 말씀하셨다. "열 가구밖에 안 되는 마을에도 반드시 성실과 믿음이 나만 한 사람은 있겠지만, 나처럼 배우기를 좋아하는 사람은 없을 것이다."

子曰 "十室之邑, 必有忠信如丘者焉, 不如丘之好學也."
자왈 "십실지읍, 필유충신여구자언, 불여구지호학야."

『논어』 「공야장」 27장

공자, 우뚝 서다(而立)

공 선생님은 서른 살에 '우뚝 섰다.'라고 이야기했습니다. '이립(而立)'이라 말하려면 우선 자신만의 주관이나 가치관이 뚜렷해야 하고, 주변의 인정을 확실히 받아야 합니다. 공 선생님은 20대에 이미 노나라 군주의 인정을 받을 정도로 학문에 성취가 있었습니다. 그리고, 서른 살이 되던 해에는 노나라와 제나라 간의 회동에 참석해, 다른 나라의 군주에게도 인정받았습니다. 『사기』 「공자세가」에 다음과 같은 기록이 있습니다.

> 노소공 20년, 공자가 서른 살이 되었다. 제경공과 안영이 노나라를 방문했다. 제경공이 공자에게 물었다. "옛날 진목공(秦穆公)은 나라도 작고 외진 땅에 위치했지만 패자(霸者)가 된 것은 무슨 까닭이오?" 공자가 대답했다. "진나라는 비록 나라는 작아도 그 뜻이 원대했고, 외진 지역에 있었지만 정사를 베푸는 것이 매우 정당했습니다. 진목공은 포로였던 백리해(百里奚)를 친히 등용해 대부의 벼슬자리를 내리고 감옥에서 석방시켜 더불어 사흘간 대화를 나눈 뒤 그에게 정사를 맡겼습니다. 이로써 천하를 다스렸다면 진목공은 왕자(王者)가 될 수도 있었습니다. 왕자 대신 패자가 된 것은 오히려 대단치 않은 것입니다." 이 말을 들은 제경공은 매우 기뻐했다.

또한 공 선생님은 30대에 사학(私學)을 열면서 경제적으로도 우뚝 설

수 있었습니다. 공 선생님은 "속수(束修)[13] 정도만 가져오면, 가르쳐주지 않은 적이 없다.(『논어』「술이」 7장)"라고 했습니다. 공부에 뜻을 두고 학문에 정진하기 위해 벼슬길을 포기했지만, 사학을 세우면서 경제적 어려움을 해결하고 더욱 학문에 전념했습니다.

공 선생님은 자신의 교육 방침에 대해 "배울 때 스스로 분발하지 않으면 알려주지 않고, 애태우지 않으면 발휘하도록 말해주지 않는다. 책상의 한쪽 모서리를 알려주었을 때 나머지 세 모서리를 미루어 짐작하지 못한다면 반복해서 가르치지 않는다.(「술이」 8장)"라고 말했습니다. 즉, 공 선생님은 교육 내용을 그대로 외우는 수동적인 사람이 아니라, 주체적 사고력을 가지고 스스로 판단하고 행동할 줄 아는 인재를 키우고자 했습니다. 공 선생님의 사학은 날로 발전해 갔고, 당시의 권력자였던 맹희자의 두 아들인 맹의자와 남궁경숙도 공 선생님의 문하생이 될 정도였습니다.

공 선생님 자신도 현인이 있는 곳이라면 어디든지 찾아가 가르침을 청했습니다. 정나라에 가서 자산을 만나 가르침을 받기도 했고, 송나라에 가서는 은나라의 예법을 배웠습니다. 그리고, 노나라 최고 실세의 아들들이 제자로 들어오자, 이들을 통해 경비를 지원받고 주나라에 있던 노자(老子)를 만나러 갈 수 있었습니다.

---

13 제자가 되려고 스승을 처음 뵐 때 드리는 예물. 중국에서 열 조각의 육포를 묶어 드렸다는 데서 유래함.

『사기』「노자 · 한비열전」에는 공자가 주나라를 방문해 노자에게 '예(禮)'가 무엇인지 묻자, 노자가 "그대가 말하고 숭상하는 성인들도 그 육신과 뼈는 이미 썩어 사라지고 그 말들만 남아 있소. 군자가 때를 만나면 입신양명할 것이요, 때를 만나지 못해 명군의 눈에 띄지 못하면 떠돌이 신세가 되는 수밖에 없소. 그러니 그저 운에 맡기도록 하시오."라고 말하는 장면이 나옵니다.

그리고 노자의 이런 가르침은 공자에게 영향을 미쳤습니다. "천하에 도가 있으면 나타나고, 도가 없으면 숨는다. 나라에 도가 있는데도 가난하고 천한 것은 부끄러운 일이고, 나라에 도가 없는데도 부유하고 귀한 것은 부끄러운 일이다.(「태백」 13장)"와 "군자로구나, 거백옥이여! 나라에 도가 있으면 벼슬길에 나아가고, 나라에 도가 없으면 재능을 접고 은둔하여 그것을 품고 있었구나!(「위령공」 6장)"라는 말처럼 『논어』 곳곳에서 노자의 흔적을 찾을 수 있습니다.

노자는 "내가 들으니 부귀한 자는 사람을 전송할 때 재물로 하고, 어진 자는 사람을 전송할 때 말로 한다고 했소. 나는 부귀하지 못하나 인자(仁者)라고 자처하기를 좋아하오. 다음과 같은 격언으로 그대를 전송하겠소. '총명하고 깊게 관찰하는 사람에게는 죽음의 위험이 따른다. 이는 남을 잘 비판하기 때문이다. 많은 지식을 지니고 재능이 뛰어난 사람은 그 몸이 위태롭다. 이는 남의 결점을 잘 지적해 내기 때문이다. 사람의 자녀된 자는 부친뻘 되는 사람 앞에서 자신을 낮추고, 사람의 신하된 자는 군주 앞에서 자신을 치켜세우지 않는 법이다.'라는 말이 그것이오."라고 말하며, 공자에게 마지막 가르침을 주었습니다.

공 선생님은 이를 가슴 깊이 새겼고, "군자는 다른 사람의 좋은 점을 이루게 하고, 다른 사람의 나쁜 점을 이루게 하지는 않는다.(「안연」 16장)"라고 제자들에게 가르쳤습니다. 이렇게 공 선생님은 스스로 배움을 게을리하지 않았고, 자신 있게 "나처럼 배우기를 좋아하는 사람은 없을 것이다."라고 선언했습니다. 공 선생님처럼 배움을 좋아하려면 어떻게 공부해야 할까요?

『논어』 「공야장」 14장에 이런 내용이 나옵니다. 자공이 "공문자(孔文子)는 어찌하여 '문(文)'이라는 시호를 받았습니까?"라고 물었습니다. 이에 공 선생님은 "영민한 사람인데도 배우기를 좋아했고, 아랫사람에게 묻는 것을 부끄러워하지 않았다. 이런 까닭으로 문(文)이라 일컬은 것이다."라고 대답했습니다. 그렇습니다. 배우기를 즐기려면, 자신이 궁금한 것을 묻고 해답을 찾아가는 공부를 해야 합니다. 이번 장에서는 '호학(好學)'을 주제로 전성수가 쓴 『부모라면 유대인처럼 하브루타로 교육하라』를 함께 읽어보겠습니다.

배움이 즐거운 하브루타 교육법

『부모라면 유대인처럼 하브루타로 교육하라』의 저자는 배움이 행복하려면, 질문 중심의 하브루타 방식으로 교육해야 한다고 말합니다. 그럼, '하브루타'는 무엇일까요? 하브루타는 유대인들의 전통적인 교육 방법으로 널리 알려져 있습니다. '짝을 지어 질문하고 대화하고 토론하고 논쟁하는 것', 즉 '함께 이야기 나누는 것'을 의미합니다. 하브루타의 어원적 의미는 '친구, 짝, 파트너'를 뜻하며, 친구라는 뜻의 '하베르'에서 유래했습니다. 이것이 '짝과 함께 공부하는 것'으로 확대됐고, 주로 질문하고 대답하고 토론하는 형태로 발전해 왔습니다.

'질문하고 대화하고 토론하고 논쟁하는' 공부법은 우리의 전통적인 공부법이기도 합니다. 지금 우리가 함께 읽고 있는『논어』도 대부분 공 선생님과 제자들의 대화로 이루어져 있습니다. '학문(學問)'이라는 말도『중용』에 나오는 '박학심문(博學審問)'의 약자입니다. '널리 배우고 자세하게 물으며' 공부해야 한다는 것입니다. 다음 기사는『조선왕조실록』세종 20년(1438) 11월 23일 조에 나오는 내용입니다. 세종은 바쁜 일과 중에도 매일 세 차례씩 자녀들과 식사하면서 대화를 나누고 공부했습니다.

옛사람이 말하기를, '부자(父子)의 사이에는 마땅히 날마다 서로 친근하여야 한다.' 하였는데, 양녕(讓寧)이 세자가 되었을 때 어전에 나아가 알현하는데 절도가 있었으나, 그 후에 과실이 없지 아니하여서 들어가 알현하지 못하였으므로, 날로 부자 사이가 서로 멀어지고 막힌 것은 내가 친히 본 바이다. 나는 날마다 세자와 더불어 세 차례씩 같이 식사하는데, 식사를 마친 뒤에는 대군 등에게 책상 앞에서 강론하게 하고,

나도 또한 진양대군(晉陽大君, 세조)에게 공부를 가르쳐 준다.

그런데 이렇게 질문하고 대화하는 공부법의 전통은 우리나라에서 언제 사라졌을까요? 일제 강점기가 그 시작입니다. 조선총독부는 1920년 '서당 규칙'이라는 법을 만들어 서당을 모조리 폐쇄해 버렸습니다. 동양의 인문 고전을 읽으며 수많은 질문으로 진리를 파고들었던 서당이 사라지면서 공부법 또한 전해지지 못했습니다. 나라를 되찾은 후에도 공장노동자와 직업군인을 양성하기 위해 설계된 프로이센 교육을 이어받은 미국 공립학교 교육이 도입되었습니다. 또한 군사 독재까지 거치면서 질문을 통해 생각하게 하는 교육법의 맥이 이어지지 못했습니다.

그럼, 질문을 중심으로 하는 하브루타 교육법에는 어떤 장점이 있을까요? 여러 가지 장점 중 몇 가지만 꼽아본다면, 첫째, 하브루타는 생각하는 교육법입니다. 질문을 통해 사고력을 키워줍니다. 이를 전성수는 '뇌를 격동시킨다.'라고 표현했습니다. 질문하는 사람은 물론 대답해야 하는 사람도 그 주제에 대해 생각할 수밖에 없고, 질문과 대답이 오가는 과정에서 뇌가 활발하게 움직일 수밖에 없습니다.

둘째, 하브루타는 효율적인 학습법입니다. 미국의 국립행동과학연구소(National Training Laboratories)에서 발표한 '학습 효율성 피라미드'에 따르면, 강의 듣기는 5%, 읽기는 10%, 시청각 수업 듣기는 20%의 학습 효율성을 갖습니다. 이어서 시범 강의 보기의 효율성이 30%이고, 집단 토의는 50%, 실제 해보기는 75%의 학습 효율성을 보입니다. 마지막으로 실제 해보기보다도 더 학습 효율성이 높은 방법이 바로 '서로 설명하기'입니다. 무려 90%의 학습 효율성을 보여줍니다. 하브루타를 통해 질문하고 대화하고 토론하고 논쟁하며 '서로 설명하는' 것이 최고의 학습법입니다.

마지막으로 하브루타는 미래 사회를 준비할 수 있는 공부법입니다. '지식의 습득만으로 우리 아이들이 미래에 대처할 수 있을까?'라는 고민에 적합한 교육법입니다. 카이스트의 김대식 교수는 "지금 아이들은 인류 최초로 기계와 경쟁하는 세대."라고 했습니다. 세계경제포럼은 「일자리의 미래」에서 "2016년에 초등학교에 입학하는 아이들의 약 65%는 현존하지 않는 새로운 직업을 갖게 될 것."이라고 밝혔습니다. 우리 아이들에게 진짜 필요한 능력은 무엇일까요? 미국경영연합회에서 발표한 '21세기에 가장 필요한 능력(4C)'은 좋은 참고 자료가 됩니다. 바로 창의력(Creativity), 협업 능력(Collaboration), 비판적 사고력(Critical thinking), 그리고 의사소통 능력(Communication)입니다. 이 4C를 키울 수 있는 교육법이 바로 질문하고 대화하고 토론하고 논쟁하는 하브루타입니다.

이렇게 좋은 '질문하고 대화하고 토론하고 논쟁하는' 하브루타를 가정에서 어떻게 실천하는 게 좋을까요? 전성수는 2가지 구체적인 실천 방법을 권하고 있습니다.

첫째, 매일 10분이라도 자녀에게 집중하여 함께 대화하고 토론합시다. 명령적인 언어에서 벗어나 하루 10분이라도 자녀에게 집중하여 대화하는 습관을 기릅시다. 가장 쉬운 방법은 책을 읽고 함께 토론하는 것이며, 사회나 정치와 관련된 문제를 토론하는 것도 유익합니다.

둘째, 정기적으로 가족 하브루타 시간을 가집시다. 일주일에 한 번 시간을 정해 가족이 함께 앉아 식사를 즐기면서 즐겁게 대화하는 것이 중요합니다. 그리고 하브루타 시간은 평생 계속해서 이어져야 합니다.

교육 패러다임을 바꾸는 교육혁명은 가정에서부터 시작할 수 있습니다. 듣는 교육은 묻는 교육으로, 하나의 정답은 여러 가지 해답으로, 성공 지향은 성공과 행복의 동시 추구로 바뀌어야 합니다. 모든 문제 해결의 출발점은 '나'와 '가정'입니다. 여러분의 가정에서 먼저 하브루타를 시작해 봅시다.

※ 『논어』의 다른 구절을 읽고, '호학'에 대해 생각하고 이야기 나눠
봅시다.

공자께서 태묘에 들어가 (제사가 진행됨에 따라) 매사를 물으셨다.
어떤 사람이 말하기를 "누가 저 추 땅 사람의 아들(공자)이 예를 안다고
하는가? 태묘에 들어와 매사를 묻더라."
공자께서 이 말을 들으시고 말씀하셨다. "묻는 것이 곧 예니라."

子入太廟, 每事問.
 자입태묘, 매사문.

或曰 "孰謂鄹人之子知禮乎? 入太廟, 每事問."
혹왈 "숙위추인지자지례호? 입태묘, 매사문."

子聞之, 曰 "是禮也."
자문지, 왈 "시례야."

『논어』 「팔일」 15장

자하가 말했다. "널리 배우고 뜻을 돈독히 하며, 절실한 것을 묻고 가까운 것부터 생각하면, 인(仁)은 그 가운데 있다."

子夏曰 "博學而篤志, 切問而近思, 仁在其中矣."
자하왈 "박학이독지, 절문이근사, 인재기중의."

『논어』 「자장」 6장

17장

당신의 자녀는
무엇에 몰입합니까?

"당신이 하는 일에 온 정신을 집중하라,

햇빛은 한 초점에 모일 때만 불꽃을 내는 법이다."

- 알렉산더 그레이엄 벨

섭공이 자로에게 공자에 관해 물었는데, 자로는 대답하지 않았다.
(이 사실을 알고) 공자께서 말씀하셨다. "너는 어찌하여 '그분은 사람됨
이 무언가에 의욕이 생기면 먹는 것도 잊고 (도를) 즐거워하며 근심을
잊어, 나이가 드는 것도 알지 못한다.'라고 말하지 않았느냐?"

葉公問孔子於子路, 子路不對.
섭공문공자어자로, 자로부대.

子曰 "女奚不曰 '其爲人也, 發憤忘食, 樂以忘憂, 不知老之將至云
爾?'"
자왈 "여해불왈 '기위인야, 발분망식, 락이망우, 부지노지장지운
이?'"

『논어』 「술이」 18장

공자, 미혹되지 않다(不惑)

앞서 14장에서 공 선생님이 안영의 반대 때문에 제나라에 자리 잡지 못하고 노나라로 돌아왔다고 했습니다. 그때 공자의 나이가 서른일곱입니다. 공 선생님은 이후 14년 동안 제자 양성이라는 한 가지 일에 몰두했습니다. 제자들이 갈수록 많이 생겼고, 그들의 질문에 하나하나 답을 하는 과정에서 공 선생님은 더욱 아는 것이 많아졌습니다. 공자의 박학다식(博學多識)을 보여주는 이야기가 『공자가어』에 나옵니다.

공자가 진(陳)나라에 갔을 때, 어느 날 하늘에서 화살을 맞은 큰 새가 떨어졌다. 화살을 보니 길이가 1척 8촌가량 되었고, 호목(楛木)으로 된 화살대에 돌화살촉이 달려 있었다. 진나라의 군주인 진혜공(陳惠公)이 물었다. "이 무슨 해괴한 일이란 말이오?"

공 선생님은 한 번 보더니 말했다. "이 새는 아득히 먼 곳에서 날아왔음이 틀림없습니다. 주 무왕께서 은나라를 멸하신 덕분에 각 소수민족 지역과 교류할 수 있는 길이 열렸습니다. 이후 변경 지역의 많은 소수민족들이 주 무왕에게 공물을 바쳤습니다. 그중에서 흑룡강 지역의 숙신(肅愼)이라는 족속은 이 호목으로 살을 만들고 돌화살촉을 사용하는 화살을 보내왔습니다. 주 무왕께서는 이 화살을 자신의 큰 따님에게 주어 진나라에 시집을 보내셨지요. 국고에 가 보시면 아마도 찾으실 수 있을 것입니다."

진혜공은 즉시 수하들에게 찾아보라 했더니 정말 국고에 있었다.

공자께서 부모에게 말씀하셨다

이뿐만 아니라, 공 선생님은 노나라 계환자 집에서 우물을 파다가 개를 얻었다는 소식을 듣고, 개가 아니라 양일 거라고 보지도 않고 알아챘습니다. 또한 오나라가 회계성을 점령한 후 성벽을 철거하다가 수레가 가득 찰 정도의 뼈를 발견했는데, 그 뼈가 방풍씨(防風氏)[14]의 뼈라는 것도 알았습니다. 그만큼 공 선생님의 지식의 양은 대단했습니다. 반면에 이런 일화도 있습니다. 『열자』 「탕문」에 나오는 내용입니다.

공자가 동쪽으로 여행하던 중 어린 꼬마 둘이서 말다툼하는 것을 보았다. 그 연유가 궁금해 물어보자, 꼬마들이 사정을 이야기했다.
"해는 아침 일찍 일출 때 사람에 가깝고, 한낮 중천에 떠 있을 때 사람에게서 가장 멀다 했으나, 저 녀석은 그렇지 않다 하지 않습니까?"
"아닙니다. 일출 때 사람과 가장 멀리 떨어져 있고, 중천에 있을 때 사람과 거리가 가장 가깝습니다."
그러자 처음 녀석이 말했다. "해가 떠오를 때는 그 크기가 수레 덮게만 하지만, 중천에 떠 있을 때는 사발 크기만 하지 않습니까? 멀리 있으니 작게 보이고, 가까이 있으니 크게 보이는 것 아니겠습니까?"
"그렇지 않습니다. 해가 뜰 때에 비해 중천에 떠 있을 때 날씨가 더 덥습니다. 이는 가까이 있으니 뜨겁고 멀리 있으니 차가운 이치가 아니겠습니까?"
공 선생님은 판결 내리지 못했다. 그러자 꼬마들이 말했다. "누가 아저

---

14 하나라 우(禹) 임금 때의 제후. 우 임금이 제후들을 회계산(會稽山)에 모이게 할 때 늦게 와서 죽임을 당했음.

씨더러 많이 안다고 했습니까?"

그 당시 공 선생님이 아무리 박학다식하다고 하더라도, 오늘날의 기준으로 보면 지식의 양은 대단한 게 아닐 것입니다. 우리가 공자를 높이 평가하는 것도 지식의 양 때문이 아닙니다. 공 선생님은 나이 마흔을 '불혹(不惑)'이라고 했습니다. 미혹되지 않는다는 뜻입니다. 불혹은 자신의 인생에 대한 불안이나 동요가 없고, 자기만의 확실한 기준을 가지고 세상사를 판단할 수 있는 단계를 지칭합니다. 한 인간이 세상의 모든 지식을 알고 있을 수는 없습니다. 공자가 뛰어난 이유는 지식의 양 때문이 아니라, 판단력이 다른 사람을 능가했기 때문입니다.

공 선생님이 후학 양성에 몰두하고 있던 때, 노나라 정국은 혼탁했습니다. 공자의 40대 때 노나라 정국을 이해하려면, 먼저 삼환(三桓)에 대해 알아야 합니다. 노나라의 15대 군주인 노환공(魯桓公)에게는 아들이 넷 있었습니다. 맏아들이 왕위를 계승해 노장공(魯壯公)이 되었고, 둘째, 셋째, 넷째 아들은 대부가 되었습니다. 그런데, 세 아들 맹손씨, 숙손씨, 계손씨의 후손들이 대대로 노나라의 실권을 장악하면서, 군주가 오히려 이들의 눈치를 봐야 했습니다. 이들 세 가문을 노나라 환공의 이름을 따서 '삼환'이라 불렀습니다.

공자의 40대 때 군주인 24대 노정공(魯定公)이 집권하던 시기에는, 삼환 중 계환자가 정권을 잡았습니다. 계환자가 총애하는 신하 가운데 중

양회(仲梁懷)라는 사람이 있었습니다. 그는 다른 가신인 양화(陽貨)와 사이가 좋지 않았습니다. 양화는 중양회가 교만해지자, 그를 체포했습니다. 계환자가 화를 내자, 양화는 계환자마저 가두었습니다. 즉, 권력이 군주에서 대부로 넘어간 데다, 이제는 가신에게까지 넘어갔습니다. 노정공 8년(서기전 502)에는 양화가 공산불요(公山弗擾)와 함께 반란을 일으켰습니다. 이듬해 반란에 실패하자 양화는 제나라로 달아났고, 공산불요는 계씨의 봉읍인 비(費) 땅에서 반란을 이어갑니다.

『논어』「양화」 5장에 관련 내용이 나옵니다. 공산불요가 비읍을 근거지로 해서 반란을 일으키고 나서 공 선생님을 부르자, 공 선생님은 가려고 했습니다. 자로는 이를 못마땅하게 여기고 "가실 곳이 없으면 그만둘 일이지, 어찌하여 꼭 공산씨에게 가시려고 합니까?"라고 불평했습니다. 이에 공 선생님은 "그자가 어찌 헛되이 나를 불렀겠느냐? 만약 나를 써주는 사람만 있다면 나는 그곳을 동쪽의 주나라로 만들 것이다."라고 마음을 먹었지만, 끝내 가지는 않았습니다.

이제 이번 장의 주제로 넘어가겠습니다. 앞서 공산불요에게 가려는 공 선생님을 자로가 말렸다고 했습니다. 『논어』「술이」 18장에는 섭공이 자로에게 공자에 관해 묻는 장면이 나옵니다. 그런데, 자로가 제대로 대답하지 못했나 봅니다. 공 선생님은 "너는 어찌하여 '그분은 사람됨이 무언가에 의욕이 생기면 먹는 것도 잊고 (도를) 즐거워하며 근심을 잊어, 나이가 드는 것도 알지 못한다.'라고 말하지 않았느냐?"라고 말했습니다.

먹는 것도 잊으며 몰입하여 공부했던 공자. 이번 장에서는 '몰입'을 주제로 미하이 칙센트미하이가 쓴 『몰입의 즐거움』을 함께 읽어보겠습니다.

삶에 필요한 건 행복이 아니라 몰입이다

『몰입의 즐거움』의 저자는 조라는 한 남자의 이야기로 책을 시작합니다. 조는 60대 초반으로, 기관차 공장에서 일했습니다. 그는 크레인, 컴퓨터 모니터 등 공장 내 기계 설비의 구조를 모두 독학으로 익혔습니다. 조는 고장 난 기계를 붙들고 문제의 원인을 밝혀내어 기계를 수리해야만 직성이 풀리는 사람이었습니다. 같은 공장에서 일하는 용접공들은 희한한 양반이라고 생각하면서도 모두 조를 존경했습니다. 또한 문제가 발생하면 누구나 조에게 달려가 도움을 청했습니다.

칙센트미하이는 대기업 총수, 유력 정치인, 노벨상 수상자 등 다양한 분야의 뛰어난 인물들을 만났지만, 그중에서도 가장 기억에 남는 인물로 조를 꼽았습니다. 그리고 '무엇이 평범한 한 사람의 인생을 이토록 값지게 만드는 것일까?'라는 질문에 대한 답을 얻기 위해 『몰입의 즐거움』을 썼습니다. 칙센트미하이는 어떤 해답을 얻었을까요?

자녀가 사춘기에 접어들면서 비뚤어진 행동으로 인해 마음이 불안해진 적이 있습니까? 이러한 상황으로 인해 완전히 일에 몰두하지 못한 적이 있습니까? 자녀 문제 외에도 우리를 집중하지 못하게 하는 여러 가지 일들이 있습니다.

그러나 다른 접근 방식도 있습니다. 예를 들어, 스키를 타고 산비탈을 질주할 때, 몸의 움직임, 스키의 위치, 얼굴을 스치며 지나가는 공기, 눈 덮인 나무에 주의를 집중합니다. 이때 내 마음속의 갈등이나 모순을 의식할 틈이 없습니다. 마음을 조금이라도 놓았다간 그대로 눈 속에 고꾸라질 것이기 때문입니다. 우리는 그 경험의 순간에 완전히 몰입합니다.

일상에서는 그런 경험을 하기 어렵지만, 그 순간에는 느끼는 것, 바라는 것, 생각하는 것이 하나로 어우러집니다. 칙센트미하이는 이러한 예외적인 순간을 '몰입 경험'이라고 불렀습니다. 또한 '몰입'은 삶이 고조되는 순간에 물 흐르듯 행동이 자연스럽게 이루어지는 느낌을 표현하는 말이라고 설명했습니다.

저자는 몰입의 특징을 3가지 제시했습니다. 먼저 명확한 목표와 규칙이 설정된 상황에서 참여자들이 몰입할 가능성이 큽니다. 체스, 테니스, 포커와 같은 게임에서는 특히 몰입이 자주 일어납니다. 목표와 규칙이 명확히 제시되어 있기 때문에 참여자들은 참여 방법에 대한 혼란을 겪지 않고 쉽게 참여할 수 있습니다.

몰입 활동의 또 다른 특징은 피드백이 빨리 나타난다는 것입니다. 몰입 활동은 작업이 얼마나 순조롭게 진행되고 있는지를 신속하게 알려줍니다. 체스와 같은 활동에서는 말을 움직일 때마다 형세가 어떻게 바뀌었는지를 빠르게 판단할 수 있습니다.

마지막으로 몰입은 어렵지만 너무 버겁지 않은 과제를 수행하면서 나타나는 현상입니다. 너무 힘들면 도중에 포기하는 경향이 있고, 과제와 실력 수준이 둘 다 낮으면 경험의 깊이가 부족합니다. 그러나 어려운 과제가 높은 실력과 결합하면, 평범한 일상에서는 경험하기 힘든 깊은 참여와 몰입이 일어납니다.

3가지 몰입의 특성을 잘 기억해 둡시다. 자녀에게 무언가 과제를 제시할 때, 우선 명확한 목표를 제시해야 합니다. 두 번째, 과제 수행에 따른 즉각적인 피드백을 제공해야 합니다. 마지막으로 자녀 수준보다 너무 낮거나 높은 수준의 과제는 몰입을 방해합니다.

삶을 풍성하게 하는 것은 행복이 아니라 깊이 몰입하는 경험입니다. 몰입 중에는 특별한 행복을 느끼지 않습니다. 행복을 느끼려면 내면의 감정에 주의를 기울여야 하며, 그로 인해 현재 집중해야 할 일을 소홀히 할 수 있습니다. 예를 들어, 어려운 암벽 등반을 하면서, 힘들고 복잡한 동작 중에 행복을 느끼기는 어렵습니다. 의사나 음악가도 본격적인 수술이나 공연 중에는 행복을 느끼기보다는 하는 일에 몰두합니다. 일이 끝난 뒤에야 그 경험이 얼마나 가치 있고 소중한지 깨달으며, 몰입한 순간을 돌아보면서 행복을 느낍니다.

또한, 몰입 경험은 배움으로 이어집니다. 다음 그림에서 '각성' 상태에 있는 사람을 상상해 봅시다. 각성은 나쁜 상태가 아니며, 이 상태에서는 집중력이 뛰어나고 적극적이며 대상에 주의를 기울입니다. 그러나 좀 더 활기찬 몰입 상태로 전환하려면 어떻게 해야 할까요? 답은 명확합니다. 실력 수준을 높이기 위해 계속해서 노력해야 합니다.

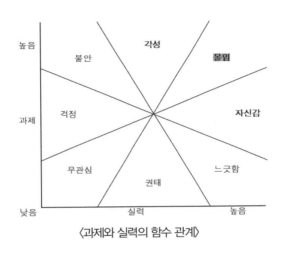

〈과제와 실력의 함수 관계〉

이제 '자신감'이라는 범주로 넘어가 보겠습니다. 이 또한 만족감을 어느 정도 누릴 수 있는 바람직한 경험의 상태입니다. 그러나 이 단계에서는 집중도가 감소하며, 자신이 중요한 일을 수행하고 있다는 의식이 강하지 않습니다. 그렇다면 몰입으로의 전환을 위해서는 어떻게 해야 할까요? 이 경우, 과제의 수준을 높여야 합니다. 이렇듯 몰입 경험은 새로운 수준의 과제와 실력으로 올라가게 만드는 힘입니다.

사람들은 얼마나 자주 몰입을 경험할까요? 6,469명의 독일인에게 '일을 하다가 거기에 푹 빠져들어 시간 감각조차 잃어버리는 경험을 한 적이 있는가?'라는 질문을 던졌더니 다음과 같은 결과가 나왔습니다. 그런 경험을 '자주 한다'가 23%, '가끔 한다'가 40%, '거의 못 한다'가 25%, '전혀 못 한다'가 12%였습니다.

당신의 자녀는 얼마나 자주 몰입을 경험하고 있습니까? 그리고 무엇에 몰입하고 있습니까? 명확한 목표가 주어져 있고, 활동의 효과를 곧바로 확인할 수 있으며, 과제의 난이도와 실력이 알맞게 균형을 이루고 있다면, 당신의 자녀는 어떤 활동에도 몰입하면서 삶의 질을 끌어올릴 수 있습니다. 공 선생님이 먹는 것조차 잊고 나이 드는 것조차 잊으면서 무언가에 빠졌던 것처럼, 우리 아이들도 그렇게 할 수 있도록 도와줘야 하겠습니다. 『몰입의 즐거움』에 나오는 구절로 이번 장을 마무리하겠습니다.

부모가 된다는 것은 인생에서 가장 소중한 체험이라고 흔히들 말하지만, 그런 값진 체험은 아이를 낳았다고 해서 저절로 굴러들어 오는 것이 아니다. 문제는 정성이다.

※ 『논어』의 다른 구절을 읽고, '몰입'에 대해 생각하고 이야기 나눠
봅시다.

___

공자께서 제나라에 계실 때 소(순임금의 음악)를 들으시고, 석 달 동안
고기 맛을 알지 못하셨으며, 이렇게 말씀하셨다. "음악을 지은 것이 이
런 경지까지 이를 줄은 생각지도 못했다."

子在齊聞韶, 三月不知肉味, 曰 "不圖爲樂之至於斯也."
자재제문소, 삼월부지육미, 왈 "부도위락지지어사야."

『논어』 「술이」 편 13장

18장

당신의 자녀는
공감을 잘합니까?

"다른 사람의 입장에 서서

그들의 눈을 통해 보는 법을 배우는 게 평화의 시작입니다.

그리고 그렇게 하는 것은 당신에게 달려 있습니다.

공감은 세상을 바꿀 수 있는 품성의 특성입니다."

- 버락 오바마

공자께서 말씀하셨다. "삼(증자)아! 나의 도는 하나로 모든 걸 꿰뚫고 있다."

증자가 대답하였다. "그렇습니다."

공자께서 나가시자, 증자의 문인들이 물었다. "무슨 말씀입니까?"

증자가 말하였다. "선생님의 도는 충(忠)과 서(恕)일 뿐입니다."

子曰 "參乎! 吾道一以貫之."
자왈 "삼호! 오도일이관지."

曾子曰 "唯."
증자왈 "유."

子出, 門人問曰 "何謂也?"
자출, 문인문왈 "하위야?"

曾子曰 "夫子之道, 忠恕而已矣."
증자왈 "부자지도, 충서이이의."

『논어』 「이인」 15장

공자, 천명을 알다(知天命)

6장에서 언급했던 『논어』의 마지막 구절, 「요왈」 3장에 공 선생님이 천명(天命)을 언급하는 장면이 나옵니다. "천명을 알지 못하면 군자가 될수 없다. 예를 알지 못하면 제대로 설 수 없다. 말을 알지 못하면 다른 사람을 알 수 없다." 공 선생님이 정확히 어떤 뜻으로 천명을 이야기했는지는 알 수 없습니다. 일반적으로 천명은 한 개인이 타인이나 사회, 자연과 맺는 관계나 운명을 뜻합니다. 세상에 태어나면서 맺게 되는 관계나운명을 말하는 것입니다. 천명에는 도덕적 책임이 뒤따르고, 인간과 금수를 서로 구별해 줍니다. 따라서 '지천명(知天命)'은 단순히 천명을 아는것을 넘어서 실천해야 한다는 의미도 갖습니다.

『논어』 「헌문」 14장에 이런 내용이 나옵니다. 공 선생님이 "아무도 나를알아주는 사람이 없구나!"라고 한탄하자, 자공이 "어찌 아무도 선생님을알아주지 않는다고 하십니까?"라고 물었습니다. 이에 공 선생님은 "하늘을 원망하지도, 사람을 원망하지도 않는다. 그저 낮은 것을 배워 높은 이치에 통달할 따름이다. 날 알아주는 이는 하늘뿐이구나!"라고 대답했습니다.

공 선생님은 "남이 알아주지 않아도 노여워하지 않으면 또한 군자가아닌가?(『논어』 「학이」 1장)"라고 말하기도 했고, "남이 자기를 알아주지않는 것을 근심하지 말고, (자기가) 남을 알지 못하는 것을 근심하라.(「학이」16장)"라고 이야기하기도 했습니다. 그리고, 50대에 접어들어서는 드디어 사람들이 나를 알아주지 않아도, '낮은 것을 배워 높은 이치에 통달하는' 경지에 도달한 덕분에 무엇이 자신의 천명임을 알 수 있었습니다.

앞 장에서 말씀드렸듯이, 공 선생님은 자신을 등용하는 군주가 없어 배움을 실천하지 못하는 상황을 답답하게 여겼습니다. 반란을 일으킨 공산불요에게라도 가서 뜻을 펼쳐보고자 하기도 했습니다. 그런데, 지천명의 나이에 접어들어 드디어 공 선생님에게도 기회가 생겼습니다. 노정공이 공 선생님에게 중도(中都)의 읍재(邑宰)를 맡겼습니다.

공 선생님이 읍재가 되고 1년 만에 중도는 완전히 새로운 성읍이 되었습니다. 이런 놀라운 성과를 지켜본 각국 제후들은 모두 공 선생님의 통치법을 배우려고 했습니다. 그로 말미암아 공 선생님은 사공(司空)이 되었고, 사공에서 다시 대사구(大司寇)[15]로 승진했습니다. 노정공 10년에는 제나라가 노나라에 사신을 보내 친목을 도모하자고 했습니다. 노나라를 견제하려는 속셈이었습니다. 공 선생님은 노정공과 제경공이 협곡에서 만나 회맹의 예를 거행할 때, 제나라가 노정공을 해하려는 움직임을 보이자 이를 저지했습니다.

공 선생님이 정사를 맡은 지 석 달이 지난 후 양과 돼지를 파는 사람들

---

15 사공은 주로 토목 공사와 관계된 성 축조, 도시 건설, 수로 준설 작업 및 제(祭)를 지내기 위한 사전 준비 작업을 총괄하는 직책이고, 대사구는 최고 사법 책임자임.

이 값을 속이지 않았고, 길에 떨어진 물건을 주워가는 사람도 없어졌습니다. 제나라 사람들이 이를 듣고 두려워했습니다. "공자가 정치를 하면 노나라는 반드시 패권을 잡을 것이다. 노나라가 패권을 잡으면 우리 땅이 가까우니 우리가 먼저 병합될 것이다."라고 하면서, 계책을 도모했습니다.

제나라는 미녀 80명을 뽑아 모두 아름다운 옷을 입히고 춤을 가르쳐서, 무늬 있는 말 120필과 함께 노나라 군주에게 보냈습니다. 미인계를 쓴 것입니다. 미녀들과 아름다운 마차들을 우선 노나라 도성 남쪽 문밖에 늘어놓았는데, 노정공과 계환자는 순회를 핑계로 그곳으로 가 하루종일 관람하고 정사를 게을리했습니다. 계환자는 결국 제나라의 미녀들을 받아들이고, 사흘 동안 정사를 돌보지 않았습니다. 게다가 제사를 지내고도 그 희생 제물을 대부들에게 나눠주지 않는 것을 보고, 공 선생님은 벼슬을 그만두었습니다.

이후 공 선생님은 14년에 걸쳐 수레를 타고 천하 유세에 나서, 온갖 고생을 합니다. 공자가 처음으로 간 곳은 위나라였습니다. 하지만 얼마 안 가 위령공(衛靈公)에게 공 선생님을 참소하는 일이 있자, 공 선생님은 위나라를 떠나 진(陳)나라로 향했습니다. 진나라로 가면서 광(匡) 땅을 지날 때, 광 사람들이 공자를 노나라의 양화로 착각하고 공자의 행차를 멈추게 했습니다. 양화가 예전에 광 땅 사람들에게 포악하게 대한 적이 있는데, 공자의 모습이 양화와 비슷해서 5일 동안이나 포위되었습니다.

공 선생님이 조(曹)나라에서 송(宋)나라로 가는 도중에는 이런 일도 있었습니다. 제자들과 함께 큰 나무 밑에서 예를 익히고 있는데, 송나라 환퇴가 공자를 죽이려고 그 나무를 쓰러뜨렸습니다. 제자들이 떠나기를 재촉하자 공 선생님은 "하늘이 나에게 덕을 이을 사명을 주셨다. 환퇴가 나를 어찌하겠는가!(『논어』「술이」22장)"라고 말하기도 했습니다.

이렇게 공 선생님의 50대는 관직에 올라 뜻을 펼치는가 싶더니, 천하를 주유하며 고생으로 마무리됩니다. 그리고 이런 유랑은 60대에도 이어집니다. 앞서 '천명'은 일반적으로 한 개인이 타인이나 사회, 자연과 맺는 관계나 운명을 뜻한다고 했습니다. 타인과 관계를 맺을 때 중요한 것은 무엇일까요?

『논어』「이인」15장에서 공 선생님은 "나의 도는 하나로 모든 걸 꿰뚫고 있다."라고 말했는데, 증자는 자신 있게 이를 '충(忠)'과 '서(恕)'로 설명하고 있습니다. 그중 '서(恕)'를 풀이하면 '같은 마음(如+心)'입니다. 이번 장에서는 '공감'을 주제로 폴 블룸이 쓴 『공감의 배신』을 함께 읽어보겠습니다.

정서적 공감보다 인지적 공감하기

공감의 사전적 정의는 '남의 감정, 의견, 주장 따위에 대하여 자기도 그렇다고 느낌 또는 그렇게 느끼는 기분'입니다. 애덤 스미스는 '타인의 신체에 들어가서 어느 정도 그와 동일한 인물이 된다. 이를 통해 우리는 그가 느끼는 감각에 관한 관념을 일정 부분 형성하고, 비록 강도는 약할지라도 그가 느낀 감각과 거의 다르지 않은 어떤 기분을 느낄 수 있다.'라고 말했습니다. 이것이 가장 전형적인 공감의 정의입니다. 한마디로 공감은 다른 사람 입장에서 세상을 경험하는 행위입니다.

그리고 공감이 세상을 구원할 것으로 믿는 사람이 많습니다. 인지언어학자 조지 레이코프는 진보적인 정치인들에게 조언하면서 "모든 진보 정책 뒤에는 한 가지 도덕적 가치가 있다. 바로 공감이다."라고 언급했습니다. 미래학자 제러미 리프킨은 "세계적 차원에서 공감 의식을 고양시켜야 한다."라고 촉구하며, 그의 책『공감의 시대』에서는 "과연 우리는 생물권 의식과 세계적 공감 능력을 제때 갖추어 세계적 붕괴를 피할 수 있을 것인가?"라는 의문을 제기했습니다.

저널리스트 에밀리 배즐런은 집단 따돌림의 가장 두려운 측면은 공감을 전혀 찾아볼 수 없다는 데 있다고 언급했습니다. 또한 이 진단을 집단 따돌림의 가해 집단뿐만 아니라 피해자를 도우려는 시도를 전혀 하지 않은 사람들에게도 적용했습니다. 배즐런은 '거의 모든 사람에게 공감 능력과 품위가 있다는 사실을 기억하고, 가능한 한 최선을 다해 그 씨앗을 보살피는 것'을 해결책으로 제시했습니다. 많은 사람이 공감을 도덕적 문제를 한 번에 해결해 줄 특효약으로 생각하는 경향이 있습니다. 이들의 주장을 가장 간단하게 요약하면 다음과 같습니다.

모든 사람은 당연히 자기 자신에게 가장 큰 관심을 가지고 있습니다. 그러나 공감은 다른 사람의 경험을 매우 중요한 것으로 강조합니다. 공감은 우리가 자기 자신을 대하는 것과 같이 다른 사람을 대하게 만들며, 이기적인 관심을 확장하여 다른 사람들에게도 관심을 기울이도록 합니다.

하지만 『공감의 배신』의 저자 폴 블룸은 "공감이 우리를 잘못된 길로 몰고 갈 수 있다."라고 주장합니다. 그러면서 한 가지 질문을 던집니다. 우리가 잘 알고 있는 맹자(孟子)의 '측은지심(惻隱之心)' 이야기와 비슷합니다. (맹자는 제자에게 "아이가 우물에 빠지는 걸 보게 되면, 누구라도 측은한 마음을 갖게 된다. 이러한 마음이 드는 것은 그 아이의 부모와 친해지고 싶어서도 아니고, 주변 사람들로부터 칭찬을 듣기 위해서도 아니며, 구해주지 않았다고 비난받고 싶지 않아서도 아니다."라고 측은지심을 설명했습니다.)

호숫가를 산책하다가 어린아이가 얕은 물에 빠져 허우적거리는 모습을 보았다면 당신은 어떻게 대처하겠습니까? 만약 당신이 물속으로 걸어 들어가 아이를 구할 수 있는 상황이라면, 그렇게 행동해야 합니다. 그냥 가던 길을 계속 가는 것은 잘못된 행동입니다.

그렇다면 선한 행동을 하도록 당신을 자극한 것은 무엇입니까? 어쩌면 당신은 물에 빠진 아이의 기분이 어떨지 상상하거나, 아이가 물에 빠져 죽었다는 소식을 들은 부모의 마음이 어떨지 예측해 볼 수도 있습니다. 다른 사람의 감정에 공감하는 능력이 물에 뛰어드는 행동을 하도록 당신을 자극했을 수도 있습니다. 하지만 굳이 그럴 필요가 있을까요? 아이가 물에 빠져 죽게 내버려 두어서는 안 된다는 사실을 깨닫는 데는 굳이 공감 능력이 필요하지 않습니다. 보통 사람이라면, 이렇게 소란스러운 공감 과정을 거치지 않고도 그냥 물속으로 저벅저벅 걸어 들어가 아이를 건져 올릴 것입니다.

공감 능력을 동원하지 않아도 우리는 다양한 윤리적인 판단을 내릴 수 있습니다. 무엇보다 사건 사고 가운데는 감정을 이입할 만한 확실한 희생자가 없는 경우가 많습니다. 상점에서 물건을 훔치거나 조세를 회피하거나 차창 밖으로 쓰레기를 버리는 행동을 목격하면, 사람들 대부분은 이를 비난하고 불쾌하게 생각합니다. 이러한 행동의 피해자가 명확하지 않아도, 우리는 그들의 행동에 대해 부정적인 감정을 품습니다.

이처럼 공감만이 도덕의 원천은 아닙니다. 옳고 그른 것을 판단하고 행동을 유도하는 것은 공감 외에도 많습니다. 종교적 세계관이나 철학적 세계관도 한 사람의 도덕성에 영향을 미칠 수 있습니다. 인류에 대한 보편적인 염려 때문에 어떤 행동을 취할 수도 있습니다. 이런 맥락에서 블룸은 공감보다는 염려나 연민을 도덕적 지침으로 삼는 것이 더 바람직하다고 주장합니다.

『공감의 배신』의 저자는 공감이 다른 도덕적인 고려 사항과 어떻게 충돌하는지 설명하기 위해 또 다른 사례를 소개합니다. 대니얼 뱃슨과 동료들은 실험에서 피험자들에게 10세 소녀 셰리 서머스의 이야기를 전했습니다. 셰리는 치명적인 병으로 고통을 겪고 있어 치료를 받아야 하는 상황입니다. 실험에 참여한 피험자들에게는 '여러분이 셰리의 치료를 앞당길 수 있다.'라는 선택지를 제시했습니다. 피험자들은 셰리 앞에 있는 아이들은 셰리보다 더 힘든 상황이기 때문에 순서를 기다려야 한다고 말했습니다. 그러나 '셰리의 기분을 상상해 보라'는 부탁을 받은 다른 피험자들은 셰리의 순번을 앞당기는 쪽을 선택하는 경향을 보였습니다. 이는 공감이 공정성보다 힘이 세서 우리가 부도덕한 결정을 내릴 수 있다는 점을 보여줍니다.

스포트라이트는 빛을 비추는 범위가 좁습니다. 이것이 공감이 마주한 문제 중 하나입니다. 현재 우리가 살고 있는 세상에는 도움이 필요한 사람들이 많습니다. 한 사람의 행동이 다른 사람에게 어떠한 영향을 미치는지 계산하기는 쉽지 않습니다. 현재 여기서 한 사람을 돕는 행동이 미래에는 더 큰 고통을 초래할 수도 있습니다. (1894년 겨울, 독일 파사우에서 4살짜리 아이가 얼어붙은 강 위에서 술래잡기하다가 강물에 빠졌고, 요한 쿠에흐베르거라는 성직자가 아이를 구조했습니다. 지역 신문은 그 성직자를 '용감한 동지'로 묘사했습니다. 몇몇 소식통에 따르면, 그 아이는 바로 히틀러였습니다.)

게다가 스포트라이트는 자기가 관심 있는 곳에만 빛을 비춥니다. 따라서 공감은 우리의 편견을 반영할 수밖에 없습니다. 다른 나라에 사는 사람의 고통이 우리 이웃의 고통만큼 끔찍하다고 생각할지라도, 우리와 가까운 사람들의 처지에 공감하기가 훨씬 쉬운 법입니다. 흑인과 백인을 동등하게 여기더라도 백인은 백인의 입장에 공감하기가 훨씬 쉽다는 것이 일반적인 연구 결과입니다. 이런 점에서 공감은 편견과 거의 똑같은 방식으로 우리의 도덕적 판단을 왜곡할 수 있습니다.

우리가 평범한 일상에서 서로에게 친절하게 대하려면, 공감 능력을 펼치는 것보다는 자제력과 사고력을 더 강조해야 합니다. 또한 특정한 개인에 대한 공감보다는 모든 인간에 대한 보편적인 연민을 가지는 것이 중요합니다. 실제로 공감 능력이 높은 사람은 타인의 고통에 지나치게 동화될 위험이 있습니다. 상대방의 고통에 너무 깊이 공감하게 되면 장기적인 관점에서 도움이 되기 어려울 수 있습니다. 때로는 상대방에게 일시적으로 고통을 겪게 하는 것이 장기적인 목표를 위해 필요하기 때문입니다.

예를 들어, 훌륭한 부모라면 가끔은 아이에게 특정한 행동을 하도록 유도하거나 그만두도록 해야 합니다. 지금 아이의 감정이 상할 수 있지만, 미래를 고려하면 그런 결정이 아이에게 이롭습니다. "늦지 않게 자야 다음 날을 기분 좋게 시작할 수 있어.", "치과에 가서 이빨을 확인해야 해."와 같이 말해야 합니다. 아이를 위해 일시적으로 불편한 결정을 내리는 것은 우리가 아이를 사랑하고 그들의 미래를 고려하기 때문입니다.

그렇다고 『공감의 배신』의 저자가 공감을 절대 반대하는 것은 아닙니다. 블룸은 공감을 정서적 공감과 인지적 공감으로 나누어 설명합니다. 정서적 공감은 타인의 감정을 나도 느끼는 것이며, 인지적 공감은 그 감정을 직접 경험하지 않아도 타인이 고통을 겪고 있다는 사실을 이해하는 것입니다. 2가지 공감 방식은 각각 다른 뇌 과정을 거치며 우리에게 다른 영향을 미칩니다. 인지적 공감을 통해 이성적으로 이해할 때, 우리는 더 많은 사람을 도울 수 있습니다.

※ 『논어』의 다른 구절을 읽고, '공감'에 대해 생각하고 이야기 나눠
봅시다.

자공이 여쭈었다. "한마디 말로 평생토록 실천할 만한 것이 있습니까?"
공자께서 말씀하셨다. "그것은 서(恕)로다. 자기가 원하지 않는 것을 남
에게도 베풀지 말라."

子貢問曰 "有一言而可以終身行之者乎?"
자공문왈   "유일언이가이종신행지자호?"

子曰 "其恕乎. 己所不欲, 勿施於人."
자왈 "기서호. 기소불욕, 물시어인."

『논어』 「위령공」 23장

19장

당신은 자녀의
말을 경청합니까?

"남이 말할 때 완전히 귀 기울여라.
사람들 대부분은 남의 말을 경청하지 않는다."

- 어니스트 헤밍웨이

자장이 출세하는 방법을 배우고자 했다.

공자께서 말씀하셨다. "많은 걸 듣되 의심스러운 부분은 빼놓고 그 나머지를 조심스럽게 말하면 허물이 적다. 또한 많은 걸 보되 위태로운 것을 빼놓고 그 나머지를 조심스럽게 행하면 후회하는 일이 적을 것이다. 말에 허물이 적고 행동에 후회가 적으면 출세는 자연히 이루어진다."

子張學干祿. 子曰 "多聞闕疑, 愼言其餘, 則寡尤; 多見闕殆,
자장학간록. 자왈 "다문궐의, 신언기여, 즉과우; 다견궐태,

愼行其餘, 則寡悔. 言寡尤, 行寡悔, 祿在其中矣."
신행기여, 즉과회. 언과우, 행과회, 녹재기중의."

『논어』 「위정」 18장

공자, 귀가 순해지다(耳順)

'이순(耳順)'을 풀어쓰면 '한 귀로 듣고 다른 한 귀로 흘린다.'입니다. 우리 속담에도 '한 귀로 듣고 한 귀로 흘린다.'라는 표현이 있습니다. 다른 사람이 애써 일러 주는 말을 귀담아듣지 않고 대강 들을 때 쓰는 말입니다. 이에 비해 공 선생님이 예순 살에 '귀가 순해졌다.'라고 한 '이순'의 함축적 의미는 크게 3가지로 요약할 수 있습니다.

먼저, 거슬리는 말을 들어도 동요하지 않고 다른 사람의 이야기를 끝까지 듣는 것입니다. 두 번째는 자기중심을 가지고 감언이설에 흔들리지 않는 것입니다. 세 번째는 어떤 말을 들어도 자신만의 주관대로 판단하고 행동할 수 있는 가치관을 가지는 것입니다.

즉, 타인을 이해하고 배려하되 자신만의 주관을 가지고 중심을 지키는 것입니다. 분명한 자기 생각을 가지되 타인의 생각을 받아들일 수 있는 융통성이 있으며, 의견 충돌이 있을 때는 자기 생각을 분명히 이야기할 수 있어야 합니다. 이순의 경지에 이르기 위해서는 우선 타인의 말을 경청할 줄 알아야 합니다. 거기에 더해 자기 주관에 따라 행동할 수 있어야 합니다. 공 선생님은 천하를 유랑하며 온갖 칭찬과 비난에 익숙했기 때문에, 예순에 이순의 경지에 다다를 수 있었습니다.

공 선생님은 천하를 주유하며 여러 사람의 놀림거리가 되었습니다.

『논어』「미자」6장에 나오는 내용입니다. 장저와 걸익이 밭을 갈고 있었습니다. 공 선생님이 그곳을 지나다가 자로를 불러 나루터가 어디 있는지 그들에게 물어보게 했습니다. 그러자 장저는 "그 사람(공자)은 나루터쯤은 잘 알고 있을게요."라고 대답했습니다. 또 걸익은 "도도하게 흐르는 물처럼 천하는 모두 흘러가는 법인데, 누가 그것을 바꾸겠소? 당신(자로)도 (함께 할 인물을 찾느라) 보통 사람을 피하려 드는 인물, 즉 공자를 따라다니기보다는 아예 세상을 등지고 사는 인물을 따르는 게 어떻겠소?"라고 말했습니다.

장저가 나루터 위치를 자신에게 물을 필요가 없다고 한 이유는 분명합니다. 공 선생님 정도 되는 인물이면 지금 자신이 추구하는 이상이 받아들여지지 않으리라는 사실을 잘 알고 있을 테니, 괜히 나루터를 찾아 고생하지 말고 노나라로 돌아가라는 것입니다. 걸익은 더 직설적으로 '되지도 않는 일을 하려 하지 말고, 세상을 등지고 살라.'고 조언했습니다.

이렇게 조롱당하는 상황에서도, 공 선생님은 흔들리지 않고 "새나 짐승들과 함께 무리를 이룰 수는 없다. 내가 이 세상 사람들과 함께 살지 않고 누구와 더불어 산다는 말인가? 천하에 도가 있다면 나는 바꾸는 일에 참여하지 않았을 것이다."라고 자신의 소신을 밝혔습니다. 세상을 등지고 사는 은자(隱者)는 혼란하고 무도한 세상을 바로잡을 수 없습니다. 공 선생님은 비록 거슬리는 말을 들었더라도 자신의 이상을 실현하기 위한 방도를 찾아 나섰습니다.

공 선생님이 정나라에 갔을 때는 '상갓집 개' 소리를 듣기도 했습니다. 마침 제자들과 길이 어긋나 공 선생님 홀로 성곽의 동문에 서 있었습니다. 한 사람이 자공에게 "동문에 어떤 자가 있소. 이마는 요임금, 목덜미는 고요(皐陶)와 닮았고, 어깨는 자산(子産)과 닮았소. 그러나 허리 이하는 우임금보다 3촌이 짧았소. 풀 죽은 모습은 마치 상가(喪家)의 개와 같았소."라고 이야기했습니다. 공 선생님은 "한 사람의 모습이 어떠냐 하는 것은 그리 중요한 것이 아니다. '상가의 개'와 같다고 했나? 진짜 그렇지, 그렇고말고."라고 흔쾌히 웃으며 말했습니다. 공 선생님이 '상갓집 개'라고 놀리는 말에도 흥분하지 않고 순순히 받아들이는 모습에서도 이순의 경지를 볼 수 있습니다.

공 선생님이 예순이 된 노애공 3년(서기전 492)에 노나라의 권력가 계환자가 죽었습니다. 계환자는 죽기 전에 아들 계강자에게 유언을 남겼습니다. "전에 이 나라는 거의 흥성할 수가 있었다. 내가 공자를 등용해 그의 말을 듣지 않았던 까닭에 흥성하지 못했다. 내가 죽으면 너는 반드시 노나라의 정권을 이어받을 것이다. 그리되거든 반드시 공자를 초청해 오도록 해라." 공 선생님은 노나라로 돌아올 수 있었을까요?

계강자는 계환자의 장례가 끝난 뒤 공 선생님을 부르려고 했습니다. 이때 공지어(公之魚)가 "지난날에 선군(先君)이 그를 등용하고자 하셨으나 좋은 결과를 거두지 못해 결국 제후들의 웃음거리가 됐습니다. 이제 또 그를 등용하려다가 좋은 결과를 거두지 못하게 되면 이는 또다시 제후들의 웃음거리가 되는 것입니다."라고 말하며 계강자를 만류했습니다. 그러면서 공 선생님 대신 공 선생님의 제자 염구를 등용하라고 했습니다. 계강자 입장에서도 아버지의 유언을 완전히 거역할 수는 없었기 때문에 염구를 조정에 기용하기로 했습니다.(염구가 계씨 밑에서 백성들을 수탈하는 역할을 하고 있다는 소식을 듣고, 공 선생님이 크게 화를 내는 장면은 3장에서 살펴보았습니다.)

공지어의 방해로 공 선생님은 노나라로 복귀하지 못하고 채나라에서 3년을 보냈습니다. 하지만 강대국인 오나라와 초나라 사이에 끼어 이리저리 휘둘리던 채나라는 오래 머물 곳이 아니었습니다. 공 선생님은 더는 머물러 있을 수 없다고 생각하고 과감하게 채나라를 떠났습니다. 이때 초소왕(楚昭王)이 공 선생님을 초나라로 초빙했습니다. 초나라까지 가는 여정은 험난했습니다. 노숙하고 굶주림에 시달려야 했고, 급기야 몇몇 제자는 쓰러졌습니다. 하지만 공 선생님은 이런 어려움 중에도 제자들과 학문을 논하고 음악을 즐겼습니다. 그리고 마침내 여러 나라를 주유하던 공 선생님은 제자들과 함께 14년 만에 노나라로 돌아왔습니다.

"많은 걸 듣되 의심스러운 부분은 빼놓고 그 나머지를 조심스럽게 말하면 허물이 적다. 또한 많은 걸 보되 위태로운 것을 빼놓고 그 나머지를 조심스럽게 행하면 후회하는 일이 적을 것이다. 말에 허물이 적고 행동에 후회가 적으면 출세는 자연히 이루어진다." 앞서 공 선생님의 제자 자장과 자하를 소개하면서도 살펴봤던 구절입니다. 공 선생님은 말하기 전에 먼저 경청하라고 가르쳤습니다. 이순의 경지에 이르기 위해서는 우선 타인의 말을 경청할 줄 알아야 합니다. 이번 장에서는 '경청'을 주제로 래리 바커와 키티 왓슨이 쓴『마음을 사로잡는 경청의 힘』을 함께 읽어보겠습니다.

자녀의 말을 경청하는 법

1986년 1월 28일, 미국의 우주왕복선 챌린저호가 우주를 향해 발사되었습니다. 그리고 발사 후 73초 뒤, 챌린저호는 대기 중에서 폭발하여 탑승자 7명이 전원 사망했습니다. 이 비극의 원인은 매우 작은 부품 결함에 있었습니다. 당시 기술자들은 고무패킹인 O-링에 결함이 있어 발사를 연기해야 한다고 경고했지만, 관료들은 예산 문제와 정치적인 압박으로 발사를 연기하지 않았습니다. 말을 경청하지 않은 결과는 참혹했습니다.

당신은 자녀의 말을 경청합니까? 아마 지금까지 듣는 사람으로서 자신을 평가해 본 적이 없겠지만, 잠시 시간을 내어 청자로서의 자신은 몇 점인지 점수를 적어봅시다.

가정에서 (   )점   직장에서 (   )점

『마음을 사로잡는 경청의 힘』의 저자들이 주최한 워크숍에 참가한 사람들은 주로 35~85점의 범위에서 자신의 경청 능력을 평가했습니다. 이

들의 평균 점수는 약 60점 정도였습니다. 이제 한 단계 더 나아가서, 당신의 인생에서 중요한 사람들이 청자로서의 당신을 어떻게 평가할지 생각하고 점수를 기록해 봅시다.

친한 친구 ( )점		직장 상사 ( )점
직장 동료 ( )점		부하 직원 ( )점
배우자 ( )점		자녀 ( )점

이제 자신에게 부여한 점수와 다른 사람들로부터 받을 것으로 예상되는 점수를 비교하고, 어느 쪽이 더 높은지 확인해 봅시다. 여러 해 동안 워크숍 참가자들의 경험에 따르면, 가장 가까운 친구에게서 가장 높은 점수를 받을 것으로 예상합니다. 누군가를 가장 좋은 친구로 생각하는 이유는 그가 자기 말을 잘 들어주기 때문입니다.

상사들로부터도 높은 점수를 받을 것으로 예상하는 경향이 있습니다. 우리는 상사의 의견에 반대하면서도 진심을 감추고, 그들의 의견에 귀를 기울이는 척합니다. 반면 동료들로부터 받을 것으로 예상하는 점수와 자신에게 부여한 점수는 비슷했습니다. 그러나 부하 직원들로부터 예상하는 점수는 자신에게 주는 점수보다 낮다고 생각합니다. 그들의 의견에는 귀를 기울이지만 항상 그들의 요구를 들어주지 않기 때문입니다.

워크숍 참가자들은 또한 배우자로부터 가장 낮은 점수를 받을 것으로 예상했습니다. 오랜 기간 함께 살다 보면 상대에 대한 관심이 떨어지는 경향이 있습니다. 듣는 척을 하지만 실제로는 듣지 않고, 상대방이 무슨 말을 할지 미리 알고 있다고 가정하기도 합니다. 그리고 자녀, 특히 10대 자녀들은 자신에게 준 점수보다 낮은 점수를 줄 것으로 생각합니다.

자녀의 말을 소중하게 들어주는 부모가 되려면 어떻게 하는 게 좋을까요? 『마음을 사로잡는 경청의 힘』에 나오는 방법을 소개하겠습니다. 우선, 스마트폰 알람을 30초로 설정한 후 눈을 감고 30초 동안 주변에서 들려오는 모든 소리에 귀를 기울입니다. 그리고 어떤 소리가 들렸는지를 세심하게 기록합니다. 이 연습을 하기 전에는 얼마나 많은 소리를 무심코 지나쳤는지 생각해 봅시다. 아마 대부분의 소리를 감지하지 못했을 것입니다. 이렇게 소리에 집중함으로써 어떤 것이 중요하고 어떤 것이 중요하지 않은지 판단하고 구별할 수 있는 능력을 향상시킬 수 있습니다.

혹시 놓쳐버린 소리가 있습니까? 마음속 소리를 들었습니까? 내면의 목소리는 세상에서 가장 큰 소리이며, 자녀를 포함한 다른 사람들과의 관계에 영향을 미칩니다. 물론 내면의 목소리는 신중하게 다뤄져야 하며, 자신이나 다른 이와의 상호작용을 돌아보게 도와줍니다. 그러나 자녀의 말에 귀를 기울일 수 있을 만큼 내면의 목소리를 작게 낮추는 것은 쉽지 않은 일입니다. 내면의 목소리를 조절하려면 자신이 아닌 자녀의 관점에서 들을 수 있어야 합니다.

마지막으로 『마음을 사로잡는 경청의 힘』에 소개된 자녀들의 말을 경청하는 방법을 알아보겠습니다. 먼저, 아이들이 어릴 때(초등 중학년까지)는 그들의 얼굴을 바라보며 말에 귀를 기울이는 것이 중요합니다. 표정과 눈빛을 통해 주목하고 있음을 아이에게 보여주어야 합니다. 질문을 통해 관심과 흥미를 표현할 수도 있습니다. 주의를 산만하게 하는 것을 최소화하고, 아이들이 말하려고 할 때는 참고 기다려 줍니다. 부모는 듣는 태도에서도 아이에게 모범이 되어야 합니다. 우리는 원하건 원하지 않건, 자녀에게 경청 모델이 된다는 것을 명심해야 합니다.

자녀가 10대가 되면 부모는 듣는 태도를 바꿔야 합니다. 10대들은 독립적이고 자기주장이 강하며, 부모의 권위에 대한 거부감이 높아집니다. 부모와의 의사소통도 어려워질 수 있습니다. 먼저, 10대의 독립적인 성향을 존중하고 그들이 자신의 의견을 편안하게 표현할 수 있는 분위기를 조성해야 합니다. 지나치게 많은 질문이나 강압적인 권위는 오히려 대화를 어렵게 만듭니다. 또한, 비판적인 말보다는 건설적인 피드백을 통해 자녀의 성장과 발전을 도모하는 것이 중요합니다.

적절한 대화 장소 선택도 중요합니다. 자동차는 주의를 집중하게 하고, 서로 마주 보지 않아도 되기 때문에 대화하기에 좋은 환경입니다. 또한 식탁이나 책상에서 대화할 때는 서로 마주 보지 않고 나란히 앉거나 비스듬히 앉는 것이 좋습니다. 마지막으로, 10대 자녀가 말하고 싶어 할 때는 가만히 들어주는 것이 중요합니다. 이때 부모는 자녀의 의견을 중요하게 여기는 태도를 유지해야 합니다.

자녀가 말한 것(paraphrasing, 바꿔 말하기)과 자녀의 느낌(reflecting, 반사하기)을 그대로 되풀이해서 들려주는 것도 좋은 방법입니다. '바꿔 말하기'는 자녀가 전하고자 하는 메시지를 명확하게 이해하고자 할 때 사용합니다. 예를 들어, 자녀가 말한 내용을 다시 표현하면서 "네가 말한 건 다음 주에 산에 가고 싶다는 거지?" 같이 말하는 것입니다.

'반사하기'는 자녀의 감정 상태를 정확하게 지적하여 이해받는 느낌을 주는 방법입니다. 자녀가 표현한 감정을 정확하게 반영하면서 "그러니까 네가 좀 더 자세히 알고 싶다고 느끼는 거구나."와 같은 식으로 말하는 것입니다. 이러한 바꿔 말하기와 반사하기를 통해, 우리는 자녀와 더 친밀한 관계를 형성하고, 자녀가 하는 말의 핵심을 더 정확하게 파악할 수 있습니다.

※ 『논어』의 다른 구절을 읽고, '경청'에 대해 생각하고 이야기 나눠 봅시다.

공자께서 말씀하셨다. "제대로 알지 못하면서도 창작하는 자가 있겠지만, 나는 그런 적이 없다. 많이 듣고 그중 좋은 것을 택하여 따르며, 많이 보고 그중 좋은 것을 마음에 새기면, (이것이) 아는 것에 버금가는 일이다."

子曰 "蓋有不知而作之者, 我無是也. 多聞, 擇其善者而從之.
자왈 "개유부지이작지자, 아무시야. 다문, 택기선자이종지.

多見而識之, 知之次也."
다견이식지, 지지차야."

『논어』 「술이」 27장

20장

당신은 잘못을
고치려고 합니까?

"자신은 결코 실수를 저지르지 않으리라 생각하는 것이

가장 큰 실수다."

- 토마스 칼라일

공자께서 말씀하셨다. "성심과 신의를 지키며, 자기만 못한 사람을 벗으로 사귀지 말고, 잘못이 있으면 고치는 것을 주저하지 말아라."

子曰 "主忠信, 毋無友不如己者, 過則勿憚改."
자왈 "주충신, 무무우불여기자, 과즉물탄개."

『논어』 「자한」 24장

공자께서 부모에게 말씀하셨다

공자, 법도를 어기지 않다(從心)

노나라로 돌아온 공 선생님은 이제 직접 정치에 참여하기보다는 노애공이나 계강자가 자문을 요청할 때 국정 고문의 역할을 합니다. 『논어』「위정」19장에서 애공이 "어떻게 하면 백성들이 복종합니까?"라고 묻자, 공 선생님은 "정직한 사람을 천거하여 비뚤어진 사람들 위에 두면 백성들은 복종하겠지만, 비뚤어진 사람을 뽑아 정직한 사람 위에 두면 백성들은 복종하지 않을 것입니다."라고 조언하는 장면이 나옵니다. 백성들이 노애공을 따르지 않는 이유를 인재 등용의 실패로 보고 간언한 것입니다.

『공자가어』「현군」에는 노애공이 공 선생님에게 재미있는 질문을 한 기록이 있습니다.

"건망증이 심한 사람은 집을 나섬과 동시에 자기 아내가 누구인지 잊어버린다고 하는데 정말 그렇소?"

"그 정도는 심한 축에도 못 듭니다. 어떤 이들은 자기 몸이 자기 것이 맞나 하고 생각하기도 하니까 말입니다."

노애공은 깜짝 놀랐다. "정말 그런 사람들이 있단 말이오? 어떤 자들이기에 그렇소?"

"폭군이었던 하나라 걸왕은 천자의 자리에 있었기에 천하의 부가 곧 자기 것이었건만 이에 만족하지 못했습니다. 그리하여 성현들의 가르침

을 잊고 주지육림에 빠져 천하는 물론이요, 자기 목숨도 잃었습니다. 자기 몸뚱이의 주인이 누구인지 잊는 게 바로 이런 것 아니겠습니까? ”

노애공은 삼환과의 권력 다툼에서 지고 외지를 떠돌았기 때문에, 공 선생님의 조언을 실천할 기회를 얻지 못했습니다. 그리고 공 선생님은 군주인 노애공에게는 공손한 태도를 보였지만, 대부인 계강자에게는 시종일관 당당한 태도로 대합니다. 『논어』「안연」에 계강자와의 대화가 잇달아 실려 있습니다.

17장에서 계강자는 공 선생님에게 정치에 관해 물었습니다. 공 선생님은 “정치라는 것은 바로잡는다는 뜻입니다. 선생께서 올바르게 이끈다면 누가 감히 바르지 않겠습니까?”라고 답했습니다. '정자정야(政者正也)'라는 사자성어의 유래가 되는 구절입니다. 또한 18장에서는 계강자가 도둑을 걱정하면서 공 선생님에게 대책을 묻자, 공 선생님은 “만약 선생께서 욕심을 부리지 않는다면, 비록 상을 주면서 하라고 해도 (백성들은) 도둑질하지 않을 것입니다.”라고 답했습니다. 한 마디로 계강자, 당신만 잘하면 나라는 잘 돌아간다는 것입니다.

이어서 19장에서도 계강자는 공 선생님에게 정치를 묻습니다. “만약 도리가 없는 사람을 죽여서, 도리가 있는 데로 나간다면 어떻겠습니까?” 이에 공 선생님은 “선생께서는 정치를 하는데 어찌 살인이라는 방법을 쓰십니까? 선생께서 선해지려 한다면 백성들도 선해질 것입니다. (윗자

리에 있는) 군자의 덕은 바람이고 백성의 덕은 풀입니다. 풀은 위로 바람
이 불어오면 반드시 눕습니다."라고 대답했습니다. 이처럼 공 선생님은
시종일관 위정자들의 솔선수범을 강조했습니다.

이외에도 공 선생님은 『시경』, 『주역』 등의 고전을 정리하고 후학을 양
성하면서 70대를 보냈습니다. 하지만 그의 말년은 '상실의 시대'이기도
했습니다. 공 선생님이 노나라로 귀국하기 1년 전 노나라에 머물고 있던
그의 부인이 먼저 세상을 떠났습니다. 공 선생님이 노나라로 돌아오고 1
년 후, 그러니까 공 선생님이 일흔이 되던 해에는 하나밖에 없던 아들 공
리마저 생을 마감했습니다. 아버지보다 먼저 세상을 떠난 것입니다.

하지만 이것으로 끝이 아니었습니다. 그다음 해에는 공 선생님이 가장
아끼던 제자 안회가 세상을 떴습니다. 공 선생님은 제자인 안회를 친자
식인 공리 이상으로 생각했습니다. 내심 학문의 후계자로 생각했던 안회
가 세상을 떠나자, 공 선생님은 크게 상심했습니다. 이어서 공 선생님을
가장 오랜 시간 보필한 제자, 자로마저 처참한 죽음을 맞이했습니다. 자
로는 공 선생님과 아홉 살밖에 차이가 나지 않았습니다. 듬직한 친구 같
은 제자를 잃은 공 선생님은 슬픔을 가눌 길이 없었을 것입니다.

마침내 공 선생님은 몸져누웠고, 병문안 온 자공에게 말했습니다. "천
하에 도가 없어진 지 오래됐다. 아무도 나의 주장을 믿지 않는다. 장사를
치를 때 하나라 백성은 유해를 동쪽 계단에 모셨고, 주나라 백성은 서쪽

계단에 모셨고, 은나라 백성은 두 기둥 사이에 모셨다. 어젯밤에 나는 두 기둥 사이에 놓여 사람들의 제사를 받는 꿈을 꾸었다. 나의 조상은 원래 은나라 사람이다." 이후 다음과 같은 한 편의 시를 남기고, 공 선생님은 노애공 16년(서기전 479)에 73세를 일기로 세상을 떠났습니다.

태산이 무너지려는가!　　太山壞乎(태산괴호)
기둥이 부러지려는가!　　梁柱摧乎(양주최호)
철인이 죽으려하는가!　　哲人萎乎(철인위호)

사마천은 『사기』「공자세가」를 다음과 같이 마무리했습니다. 사람이 사람에게 할 수 있는 최고의 찬사를 보냈습니다. 그래서 공 선생님에 대한 전기를 「열전」이 아니라, 제후들에 대한 기록을 모은 「세가」에 썼을 것입니다.

"『시경』에 이르기를, '높은 산은 우러러보고, 큰길을 따라간다.'라고 했다. 내가 비록 그 경지에 이르지는 못할지라도 마음은 늘 그를 향해 나아가고 있다. 나는 공자의 저술을 읽어보고, 그 사람됨이 얼마나 위대한지 상상할 수 있었다. 노나라로 가 공자의 묘당, 수레, 의복, 예기를 참관했다. 또 여러 유생들이 때때로 그 집에서 예를 익히고 있음을 보았다. 경모하는 마음이 우러나 머뭇거리며 그곳을 떠날 수 없었다. 역대로 천하에는 군왕에서 현인에 이르기까지 많은 사람들이 있었다. 모두 생존 당시는 영예로웠으나 일단 죽으면 그것으로 모든 게 끝나고 말았다. 그러나 공 선생님은 포의(布衣)로 평생을 보냈지만, 10여 세대를 지나왔어도 여전히 학자들이 그를 추앙한다. 천자와 왕후로부터 나라 안의 육예를 담론하는 모든 사람에 이르기까지 모두 공자의 말씀을 판단기준으로 삼고 있다. 실로 최고의 성인인 지성(至聖)으로 일컬을 만하다!"

공 선생님은 "70세가 되어서는 마음이 하고자 하는 대로 따라도 법도를 어기지 않았다."라고 말했습니다. 도덕적인 삶을 추구하되 자신이 원하는 대로 생각하는 대로 행동해도, 추구하고 있는 도덕적 기준에 어긋남이 없는 경지를 '종심소욕불유구(從心所欲不踰矩)'라고 합니다. 공 선생님은 70세에 이르러 마음이 가는 대로 행동해도 법도에 어긋나지 않았다고 했습니다.

하지만 우리는 의도하든, 의도하지 않든 많은 잘못을 저지르며 살아갑니다. 공 선생님은 「자한」 24장에서 "잘못이 있으면 고치기를 주저하지 말아라."라고 말했습니다. 잘못(실수)을 한 것이 잘못이 아니라, 잘못을 고치지 않으려는 태도가 문제입니다. 이번 장에서는 '잘못'을 주제로 데이먼 자하리아데스가 쓴 『멘탈을 회복하는 연습』을 함께 읽어보겠습니다.

똑같은 잘못을 반복하지 않으려면

『멘탈을 회복하는 연습』의 원제는 'The Art of Letting Go'이고, 한글

판 부제는 '후회와 미련을 접고 다시 앞으로 나아가기 위한 두뇌 재훈련 프로젝트'입니다. 사람은 누구나 살아가면서 실수합니다. 잘못된 선택을 후회하기도 합니다. 중요한 점은 '똑같은 실수와 잘못을 반복하지 않을 수 있느냐.' 하는 것입니다. 공 선생님이 강조한 것처럼 잘못 고치기를 꺼리지 않아야 더 나은 방향으로 삶을 살아갈 수 있습니다.

데이먼 자하리아데스는 『멘탈을 회복하는 연습』에서 실수하고 잘못된 선택을 했더라도 충분히 회복할 수 있다고 설명합니다. 특히 자신의 감정을 인식하고 멘탈을 다독여야 할 타이밍을 알려주는 신호가 있다고 말합니다. 아래와 같은 상황 중 하나만 겪고 있더라도, 이런 부정적 감정을 왜 느끼고 있는지 이유를 찾는 것이 중요합니다.

1. 끝없는 좌절을 느낍니다.
2. 특정 사건을 끊임없이 곱씹고 있습니다.
3. 자기 연민에 빠져 있는 것 같습니다.
4. 현명한 선택이 아닌데도 내린 결정을 합리화하려고 합니다.
5. 감정적으로 피로한 상태입니다.
6. 최근에 행복했던 순간을 떠올리지 못하고 있습니다.

불교 교리 중 '사성제(四聖諦)'라는 게 있습니다. '4가지 성스러운 진리'라는 뜻입니다. 고(苦), 집(集), 멸(滅), 도(道)[16]의 4가지를 말합니다. 사성

_____

16   '멸성제(滅聖諦)'는 괴로움의 원인을 다 제거했을 때 도달할 수 있는 고요하고 안온한

제는 중생들에게 괴로움을 소멸시키는 방법을 알려주고, 그것을 소멸시켜 열반에 이르게 하는 길을 안내해 주는 것입니다.

사성제 중 첫 번째 '고성제(苦聖諦)'는 자신이 현재 고통 속에 있다는 걸 아는 것입니다. 자신의 현재 고통을 인지하지 못하면 원인을 파악하려 생각할 리가 없습니다. 원인을 알지 못하면 결과적으로 고통에서 벗어나려는 노력도 하지 않습니다. 우리가 아픔을 느끼면 병원에 가고 치료받을 수 있는 것처럼, 사람이 고통을 느낀다는 것은 개선의 여지가 있다는 이야기입니다.

두 번째 '집성제(集聖諦)'는 괴로움의 원인이 무엇인지 아는 것입니다. 나의 상태를 명확하게 알아차리는 것이 '고'의 요점이라면, 그 괴로움의 원인이 무엇인지 아는 것이 '집'의 요점입니다. 즉, '모든 괴로움에는 원인이 있다.'라는 깨달음이 '집'의 요체입니다.

인간이
자기가 불행하다고 인식하는 것은
불행한 일이지만,
스스로 불행하다고 인식하는 것은
바로 그가 위대하게 되는 일이기도 하다.

최상의 상태인 열반을 말하고, '도성제(道聖諦)'는 삶에서 괴로움을 없애는 방법, 곧 멸성제로 가기 위한 방법을 말함.

파스칼의 『팡세』[17]에 나오는 글귀입니다. 불교와 기독교 모두 현재 나의 상태를 스스로 파악하는 게 문제 해결의 시작이라고 말하고 있습니다. 『팡세』의 글귀를 이렇게 바꿔 보면 어떨까요? "인간이 (잘못을 저질러) 자기가 불행하다고 인식하는 것은 불행한 일이지만, 스스로 불행하다고 인식하는 것은 바로 그가 위대하게 되는 일이기도 하다." 인간이 위대할 수 있는 이유는, 공 선생님 말씀처럼 스스로 잘못을 고쳐 나갈 수 있기 때문이 아닐까요?

그런데 '같은 잘못을 다시는 저지르지 말아야지.'라고 생각하는 것과 실제로 같은 잘못을 반복하지 않는 것은 다릅니다. 고통스러운 기억과 부정적인 감정에서 벗어나겠다는 결심 자체는 어려운 일이 아니지만, 이를 실제로 행동에 옮기는 건 또 다른 문제입니다. 우리가 과거를 놓아 버리는 건 왜 힘든 걸까요?

아나톨 프랑스는 "변하지 않으면 성장하지 않는다. 성장하지 않으면 진정으로 살아 있는 게 아니다."라고 말했지만, 우리는 종종 변화를 두려워합니다. 무언가를 놓아주기로 결심하는 것은 그것 없이도 살아갈 가능성을 받아들이는 것입니다. 이러한 변화가 우리를 자유롭게 만들어 줄 수 있지만, 여전히 변화가 가져오는 불확실함이 두렵습니다. 때로는 잘

---

17 팡세(Pensées)는 '생각들'이란 뜻으로 완성된 책이 아니라, 파스칼이 『기독교 신앙에 대한 변증』을 쓰기 위해 모아 놓은 900여 개의 짧은 메모들을 그가 죽은 뒤에 편집한 것임.

못을 저질렀고 무언가가 잘못되었다는 것을 알면서도, 익숙한 상황에 머물러 있습니다.

또한 어떠한 일에 너무 많은 시간, 에너지, 또는 돈을 투자했기 때문에 일이 잘 풀리지 않아도 차마 포기하지 못하는 경우가 있습니다. 목표를 달성하기 위해 투자한 수많은 자원을 따지다 보면, 그 일을 단념하고 발을 빼지 못하는데, 이를 흔히 '매몰 비용 오류'라고 합니다. 결과적으로, 잘못을 고치기보다는 더 나쁜 상황으로 빠집니다.

이 밖에도 데이먼 자하리아데스는 『멘탈을 회복하는 연습』에서 우리가 왜 과거를 내려놓지 못하는지 여러 가지 이유를 설명해 줍니다. 더불어 저자는 이를 극복할 수 있는 전략을 21가지나 제시하고 있습니다.(전략뿐만 아니라 단계별 실전 트레이닝도 함께 보여줍니다.) 여기서는 대표적인 전략 2가지 정도만 살펴보겠습니다.

〈전략 1〉 남 탓을 버리고 문제 해결에 집중한다.

마감 기한을 놓친 상황에서 동료를 탓하는 것은 단순히 책임 전가일 뿐만 아니라, 문제 해결에도 도움이 되지 않습니다. 동료에 대한 원망은 상황을 해결하는 데 도움이 되지 않습니다. 마감 기한을 놓쳤다면 그 원인을 분석하고 개선 방안을 찾는 것이 더 생산적입니다. 다른 사람을 탓하는 대신 자기 행동을 돌아보고 개선할 수 있는 점을 찾아 나가는 것이 효과적인 문제 해결의 시작입니다.

〈전략 2〉 내가 통제할 수 있는 것에 집중한다.

예측 가능한 삶을 원하지만, 현실에서는 불확실한 상황이 빈번히 발생합니다. 어떤 일들은 우리의 선택과 무관하게 일어납니다. 하지만 우리는 자신의 선택과 행동을 통제할 수 있습니다. 외부의 자극에 대한 반응도 통제할 수 있습니다. 그러나 주변의 환경이나 다른 사람의 행동 등은 우리의 통제 범위를 벗어납니다. 불가피한 상황에 대처하면서도 자신이 통제할 수 있는 부분에 집중하는 것이 중요합니다.

6세 이전의 아이들은 '후회'를 이해하지 못합니다. 8세가 되어야 후회를 생각할 수 있으며, 청소년기에는 후회를 경험하는 데 필요한 사고력이 완전히 발달합니다. 이렇듯 잘못을 뉘우치는 후회는 인간 발달 과정의 기본이며, 건강하고 성숙한 마음으로 자랐다는 걸 보여줍니다. 『후회의 재발견』에서 다니엘 핑크는 이렇게 말했습니다.

"후회는 우리를 인간으로 만드는 데 그치지 않고, 우리를 더 나은 인간으로 만든다."

※ 『논어』의 다른 구절을 읽고, '잘못'에 대해 생각하고 이야기 나눠 봅시다.

공자께서 말씀하셨다. "끝났구나! 나는 자기 잘못을 보고도 마음속으로 스스로 꾸짖는 사람을 보지 못했다."

子曰 "已矣乎, 吾未見能見其過而內自訟者也."
자왈 "이의호, 오미견능견기과이내자송자야."

『논어』 「공야장」 26장

공자께서 말씀하셨다. "잘못하고서도 고치지 않는 것, 이것이 바로 잘못이다."

子曰 "過而不改, 是謂過矣."
자왈 "과이불개, 시위과의."

『논어』 「위령공」 29장

'부모의 길'을 걷는 당신을 응원합니다

정자(程子)가 말했다. "지금 사람들은 책을 읽을 줄 모른다. 예를 들어 『논어』를 읽을 때, 읽기 전에도 그저 그런 사람이었는데, 읽고 난 이후에도 또한 그저 그런 사람이라면 그것은 곧 제대로 읽지 않은 것이다."

『논어집주(論語集註)』「서문」

정자의 기준대로라면, 저는 『논어』를 읽지 않은 사람입니다. 그런데 생각을 조금 바꿔 보면, 『논어』를 읽고 그 가르침대로 사는 게 얼마나 힘든 건지 알려주는 것 같습니다. 공 선생님도 "인격을 수양하지 못하는 것, 배운 것을 익히지 못하는 것, 옳은 일을 듣고 실천하지 못하는 것, 잘못을 고치지 못하는 것, 이것이 나의 걱정거리이다.(「술이」 3장)"라고 말했습니다. 그러니, 우리 모두 부모로서 한 걸음 한 걸음 조금씩 배움의 길을 나아가면 좋겠습니다.

탈레스는 "자신을 아는 게 가장 어렵고, 다른 사람에게 충고하는 게 가장 쉽다."라고 말했습니다. 글을 정리하고 보니, 어려운 일은 피하고 가장 쉬운 일을 했습니다. 그럼, 부모의 역할에 대해 생각해 볼 수 있는 『논어』 구절로 마무리하겠습니다. 여러분의 '부모의 길'이 행복하기를 바랍니다. 고맙습니다.

맹무백이 효에 관해 묻자, 공자께서 말씀하셨다. "부모는 오직 그 자식
이 병날까 그것만 근심하신다."

孟武伯問孝, 子曰 "父母, 唯其疾之憂."
맹무백문효, 자왈 "부모, 유기질지우."

『논어』「위정」6장

선생님, 고맙습니다

첫 책 『하브루타 국보여행』을 쓸 때처럼, 이 책 또한 국내외 선생님들의 도움을 많이 받았습니다. 먼저, 한문 실력이 없는 제가 『논어』를 읽을 수 있도록 번역해 주신 김용옥, 김원중, 김형찬, 신정근, 이강재, 이수태 선생님 고맙습니다. 깔끔하고 세심한 번역과 주석이 없었다면, 저는 공 선생님의 세계에 발을 들여놓지 못했을 것입니다. 고맙습니다.

공 선생님과 공 선생님의 제자, 그리고 논어 속 인물들에 대해 배우기 위해 중국사 관련 책을 읽었습니다. 책을 써주신 모든 저자께 감사드립니다. 특히, 『사기』를 쓴 사마천, 이를 번역하신 김원중, 신동준 선생님, 그리고 공 선생님의 삶에 대해서는 바오펑산 선생님의 책이 큰 도움이 되었습니다. 고맙습니다.

여기에서 일일이 열거하지 못하지만, 『논어』의 가르침을 지금 시점에서 다시금 되새기게 해준 스무 권의 책 저자들께도 감사드립니다. 이 책들 덕분에 풍부한 질문거리, 생각거리, 이야깃거리를 만들 수 있었습니다. 고맙습니다.

책에서 배우고도 실천하지 못하는 저와 달리, 이미 책대로 아이들을 키우고 있는 아내 유진과 바르게 잘 자라준 두 딸 어진, 가온에게 고마운 마음을 전합니다. 더불어 저와 아내, 손녀들을 위해 애써 주신 양가 부모님께도 감사드립니다. 모두 사랑합니다.

논어 속 사자성어

출처	고사성어	뜻
「학이」 2장	君子務本 군자무본	군자는 근본에 힘씀
「학이」 3장	巧言令色 교언영색	말을 교묘하게 하고 얼굴빛을 꾸밈
「학이」 4장	三省吾身 삼성오신	날마다 3가지로 나 자신을 반성함
「학이」 8장	勿憚改過 물탄개과	잘못을 고치기에 우물쭈물하지 않음
「학이」 9장	愼終追遠 신종추원	임종을 신중하게 모시고 먼 조상까지 추모함
「학이」 14장	敏事愼言 민사신언	일 처리는 민첩하게 하고 말은 신중하게 함
「학이」 15장	切磋琢磨 절차탁마	칼로 끊듯이, 줄로 갈 듯이, 정으로 쪼듯이, 숫돌로 윤을 내듯이, 학문이나 인격을 갈고닦음
「학이」 16장	患不知人 환부지인	(남이 자기를 알아주지 않는 것을 근심하지 말고), 자기가 남을 알지 못하는 것을 근심해야 함
「위정」 11장	溫故知新 온고지신	옛것을 익히고 그것을 미루어서 새것을 앎
「위정」 12장	君子不器 군자불기	군자는 형태가 고정된 그릇과 같지 않아서 모든 분야에 원만하게 적응할 수 있음
「위정」 14장	周而不比 주이불비	(군자는) 원만하고 편을 가르지 않음

출처	고사성어	뜻
「팔일」8장	繪事後素 회사후소	그림 그리는 일은 바탕이 있는 뒤에야 가능함 (본질이 있는 연후에 꾸밈이 있음을 비유하는 말)
「팔일」20장	哀而不傷 애이불상	슬퍼하되 마음에 해롭도록 정도를 지나치지 아 니함
「이인」2장	仁者安仁 인자안인	인(仁)한 사람은 인(仁) 자체를 편안하게 여김
「이인」14장	不患無位 불환무위	(군자는) 지위가 없음을 근심하지 않음
「이인」19장	遊必有方 유필유방	자식은 먼 곳으로 놀러 갈 때는 반드시 자기의 행방을 부모에게 알려야 함
「이인」24장	訥言敏行 눌언민행	말은 느리고 어눌하게 하고 행동은 민첩하게 해 야 함
「공야장」8장	聞一知十 문일지십	하나를 들으면 열을 미루어 앎
「공야장」13장	有恐唯聞 유공유문	(들은 것을 아직 다 행하지 못했을 때는) 또 다른 것을 들을까 봐 두려워함
「공야장」14장	不恥下問 불치하문	아랫사람에게 묻는 것을 부끄러워하지 않음
「옹야」16장	文質彬彬 문질빈빈	무늬와 바탕이 빛나다는 뜻으로 형식과 내용이 잘 어우러져 조화로운 글 또는 성품과 몸가짐이 모두 바른 사람을 비유하는 말
「옹야」21장	樂山樂水 요산요수	산과 물을 좋아함(어진 사람은 산을 좋아하고, 슬기로운 사람은 물을 좋아함)
「옹야」25장	博文約禮 박문약례	널리 학문을 닦고 예로써 이를 실천함

출처	고사성어	뜻
「술이」 1장	述而不作 술이부작	서술만 하지 창작하지 않음(선인의 업적을 이어 이를 설명하고 서술할 뿐 새로운 부분을 만들어 첨가하지 않는 태도)
「술이」 2장	誨人不倦 회인불권	남을 가르치는 데 게을리하지 않음
「술이」 8장	不憤不啓 불분불계	배울 때 스스로 분발하지 않으면 일깨워주지 않음
「술이」 15장	曲肱之樂 곡굉지락	팔을 베개 삼아 잠을 자는 속에 있는 즐거움(가난에 만족하여 그 속에서 즐거움을 찾는 검소한 생활을 비유한 말)
「술이」 18장	發憤忘食 발분망식	단단히 결심하여 끼니마저 잊고 힘씀
「술이」 20장	怪力亂神 괴력난신	괴이한 일, 위세 부리는 일, 어지럽히는 일, 귀신에 관한 일(이성적으로 설명하기도 이해하기도 어려운 현상을 가리키는 말)
「술이」 37장	威而不猛 위이불맹	위엄이 있으나 사납지 않음
「태백」 3장	戰戰兢兢 전전긍긍	겁을 먹고 두려워 떨며 삼가고 조심함
	如履薄氷 여리박빙	얇은 얼음 위를 걷는 것과 같음(아슬아슬한 상황을 표현함)
「태백」 7장	死而後已 사이후이	죽은 뒤에야 일을 그만둠(살아 있는 한 그만두지 않는다는 말)
「자한」 7장	叩其兩端 고기양단	양쪽 끝은 묻는다는 뜻(하나의 사안에 대해 크게 대립하는 양극단의 주장을 파악하고 전체적인 맥락 안에서 종합적으로 살펴서 최선의 결론을 도출함)

출처	고사성어	뜻
「자한」 15장	不爲酒困 불위주곤	술 때문에 곤경을 겪는 일을 하지 않음
「자한」 22장	後生可畏 후생가외	뒤에 난 사람은 두려워할 만함(후배가 학문을 계속 쌓고 덕을 닦으면 선배를 능가하는 경지에 이를 것이라는 말)
「자한」 28장	仁者不憂 인자불우	어진 사람은 근심이 없음
	知者不惑 지자불혹	지혜로운 사람은 미혹되지 않음
	勇者不懼 용자불구	참으로 용감한 사람은 어떠한 경우를 당하여도 두려워하지 않음
「선진」 14장	升堂入室 승당입실	마루에 올라 방으로 들어감(학문이나 예술이 차츰 높은 수준으로 나아가 깊은 경지에 이른다는 뜻)
「선진」 15장	過猶不及 과유불급	지나친 것은 미치지 못한 것과 같음
「선진」 24장	惡夫佞者 오부녕자	말 잘하는 사람을 미워함
「선진」 25장	千乘之國 천승지국	제후가 다스리는 나라(제후국은 천 대의 병거를 갖춘 데서 유래한 말)
「안연」 1장	克己復禮 극기복례	자기를 극복해 예로 돌아감
「안연」 5장	四海兄弟 사해형제	온 천하 사람들이 모두 형제와 같음
「안연」 12장	片言折獄 편언절옥	한 마디 말로 송사의 시비를 가림(명쾌하고 공정하게 판결하는 것을 비유하는 말)

공자께서 부모에게 말씀하셨다

출처	고사성어	뜻
「안연」 16장	成人之美 성인지미	다른 사람의 아름다운 점을 도와 더욱 빛나게 함
「안연」 17장	政者正也 정자정야	정치라는 것은 바로잡는다는 뜻
「안연」 21장	一朝之忿 일조지분	감정이 복받쳐 일어난 일시의 분노
「안연」 22장	仁者愛人 인자애인	어진 사람은 남을 사랑함
「안연」 24장	以文會友 이문회우	학문을 통해 벗을 모음
「자로」 16장	近悅遠來 근열원래	가까이 있는 사람들이 혜택을 얻어 기뻐하면, 멀리 있는 사람들도 어진 정치에 대한 소문을 듣고 몰려옴
「자로」 23장	和而不同 화이부동	군자는 남과 화목하게 지내기는 하지만 남의 의견에 동의해 무리를 지어 어울리지 않음
「자로」 28장	切切偲偲 절절시시	서로 간절하게 충고하고 격려하는 모양
「헌문」 7장	愛勞忠誨 애로충회	사랑한다면 애쓰고, 진심으로 생각한다면 깨우쳐 줘야 함
「헌문」 24장	爲己之學 위기지학	자신의 인격 수양을 목적으로 하는 학문
	爲人之學 위인지학	남을 위하여 하는 학문
「헌문」 34장	以德報怨 이덕보원	은덕으로써 원한을 갚음

출처	고사성어	뜻
「헌문」 42장	修己安人 수기안인	자신을 갈고닦아 다른 사람을 편안하게 함
「위령공」 2장	一以貫之 일이관지	하나의 이치로써 모든 것을 꿰뚫는다는 뜻
「위령공」 8장	殺身成仁 살신성인	자신의 몸을 죽여 인(仁)을 이룸(큰 뜻이나 다른 사람을 위해 자신을 희생함)
「위령공」 11장	遠謀深慮 원모심려	먼 앞날을 깊이 생각함
「위령공」 28장	人能弘道 인능홍도	사람이 길을 넓힐 수 있음(길이 사람을 넓히는 것이 아님)
「위령공」 38장	有教無類 유교무류	가르침에는 차별이 없음(배우고자 하는 사람에게는 누구에게나 배움이 문이 열려 있음)
「계씨」 4장	益者三友 익자삼우	자신을 이롭게 하는 세 친구(정직한 벗, 진실한 벗, 견문이 많은 벗)
	損者三友 손자삼우	사귀면 손해를 보는 세 친구(아첨을 잘하는 벗, 겉과 속이 다른 벗, 말만 잘하는 벗)
「계씨」 9장	生而知之 생이지지	배우지 않아도 태어나면서부터 아는 사람(성인(聖人)을 뜻함)
	學而知之 학이지지	배워서 아는 사람
	困而學之 곤이학지	곤란을 겪고 나서 배우는 사람
	困而不學 곤이불학	곤란을 겪고 나서도 배우지 않는 사람
「계씨」 13장	問一得三 문일득삼	한 가지를 묻고 3가지를 얻음(적은 노력으로 많은 이득을 얻음)

출처	고사성어	뜻
「양화」 1장	歲不我與 세불아여	세월은 덧없이 지나가 나를 기다리지 않음
「양화」 2장	性近習遠 성근습원	본성은 서로 비슷하지만, 습관은 서로 멀어지게 함(본성보다 습관에서 차이가 생김)
「양화」 14장	道聽塗說 도청도설	길에서 들은 일을 길에서 이야기함(무슨 말을 들으면 그것을 깊이 생각하지 않고 다시 옮기는 경박한 태도)
「자장」 1장	見得思義 견득사의	이익을 접하면 먼저 의로움을 생각함

〈참고문헌〉

가와이 쇼이치로, 박수현 옮김, 『셰익스피어의 말』, 예문아카이브, 2021.

강성률, 『청소년을 위한 동양철학사』, 평단문화사, 2009.

강재언, 『선비의 나라 한국 유학 이천 년』, 한길사, 2003.

고재석 외 4인, 『우리들의 세상, 논어로 보다』, 성균관대학교출판부, 2014.

고전연구회 사암, 『2천 년을 기억하는 스승과 제자』, 포럼, 2015.

공상철, 『중국, 중국인 그리고 중국문화』, 다락원, 2011.

공원국, 『춘추전국 이야기』, 위즈덤하우스, 2010.

공자, 김용옥 옮김, 『논어 한글역주』, 통나무, 2008.

공자, 김원중 옮김, 『인생을 위한 고전, 논어』, 휴머니스트, 2019.

공자, 김형찬 옮김, 『논어』, 홍익출판사, 2015.

공자, 신정근 옮김, 『공자씨의 유쾌한 논어』, 사계절, 2009.

공자, 이강재 옮김, 『논어』, 살림출판사, 2006.

공자, 이수태 옮김, 『새번역 논어』, 바오출판사, 2014.

관중, 김필수 외 3인, 『관자』, 소나무, 2007.

기시미 이치로 · 고가 후미타케, 전경아 옮김, 『미움받을 용기』, 인플루엔셜, 2014.

기시미 이치로 · 고가 후미타케, 전경아 옮김, 『미움받을 용기 2』, 인플루엔셜, 2016.

기픈옹달, 『공자왈 제자왈』, 비일비재, 2022.

기획집단 MOIM, 『고사성어랑 일촌 맺기』, 서해문집, 2010.

김정진, 『아이는 질문으로 자란다』, 예문, 2018.

다니엘 핑크, 김명철 옮김, 『후회의 재발견』, 한국경제신문, 2022.

데이먼 자하리아데스, 안솔비 옮김, 『멘탈을 회복하는 연습』, 서삼독, 2023.

래리 바커·키티 왓슨, 윤정숙 옮김, 『마음을 사로잡는 경청의 힘』, 이아소, 2013.

레너드 셰프·수전 에드미스턴, 윤동준 옮김, 『나는 오늘부터 화를 끊기로 했다』, 생각의서재, 2018.

로빈 던바, 안진이 옮김, 『프렌즈』, 어크로스, 2022.

루키우스 안나이우스 세네카, 김경숙 옮긴, 『화에 대하여』, 사이, 2013.

리사 손, 『메타인지 학습법』, 21세기북스, 2019.

마티유 리카르, 이희수 옮김, 『이타심』, 하루헌, 2019.

미하이 칙센트미하이, 이희재 옮김, 『몰입의 즐거움』, 해냄출판사, 2007.

바오펑산, 하병준 옮김, 『공자 인생 강의』, 시공사, 2011.

빅터 프랭클, 이시형 옮김, 『죽음의 수용소에서』, 청아출판사, 2020.

사마천, 김원중 옮김, 『사기본기』, 민음사, 2010.

사마천, 김원중 옮김, 『사기열전 1,2』, 민음사, 2020.

사마천, 신동준 옮김, 『사기세가』, 올재, 2018.

신창호, 『정약용의 고해』, 추수밭, 2016.

야기 짐페이, 장혜영 옮김, 『세상에서 가장 쉬운 하고 싶은 일 찾는 법』, 소미미디어, 2022.

양산췬 · 정자룽, 김봉술 · 남홍화 옮김, 『중국을 말한다』, 신원문화사, 2008.

에드워드 L. 데시 · 리처드 플래스트, 이상원 옮김, 『마음의 작동법』, 에코의서재, 2011.

에릭 라 블랑슈, 조연희 옮김, 『우리의 뇌는 왜 충고를 듣지 않을까?』, 일므디, 2021.

원영, 『이제서야 이해되는 불교』, 불광출판사, 2023.

윤옥인, 『아이의 다중지능』, 지식너머, 2014.

이소윤 · 이진주, 『9번째 지능』, 청림출판, 2015.

이영애, 『아이의 사회성』, 지식플러스, 2018.

이응구, 『논어, 생생하게 읽기』, 빈빈책방, 2021.

이이, 이민수 옮김, 『격몽요결』, 을유문화사, 2012.

이임숙, 『엄마의 말 공부』, 카시오페아, 2015.

이지성, 『생각하는 인문학』, 차이, 2015.

일연, 최광식 · 박대제 옮김, 『삼국유사』, 고려대학교출판부, 2014.

작자 미상, 임동석 옮김, 『안자춘추』, 동서문화사, 2009.

전관수, 『한시 작가 작품 사전』, 국학자료원, 2007.

전성수, 『부모라면 유대인처럼 하브루타로 교육하라』, 예담, 2012.

정약용, 박석무 옮김, 『유배지에서 보낸 편지』, 창비, 2015.

정진강 외 4인, 『중국, 중국인 그리고 중국문화』, 다락원, 2001.

제러미 애덤 스미스 외 3인, 손현선 옮김, 『감사의 재발견』, 현대지성, 2022.

조기형 · 이상억, 『한자성어, 고사명언구사전』, 이담북스, 2011.

찰스 두히그, 강주헌 옮김, 『습관의 힘』, 갤리온, 2012.

최인호, 『소설 공자』, 열림원, 2012.

최태규, 『하브루타 국보여행』, 글로세움, 2021.

캐롤 드웩, 김준수 옮김, 『마인드셋』, 스몰빅라이프, 2017.

포브스, 김세진 외 2인 옮김, 『포브스 명언집』, 현대경제연구원BOOKS, 2009.

폴 블룸, 이은진 옮김, 『공감의 배신』, 시공사, 2019.

표시정, 『처음 만나는 고사성어』, 미래주니어, 2014.

풍국초, 이원길 옮김, 『중국상하오천년사』, 신원문화사, 2008.

하워드 가드너, 문용린 옮김, 『다중지능』, 웅진지식하우스, 2007.

※ 온라인 검색

나무위키

두산백과

조선왕조실록

중국인물사전